Couverture inférieure manquante

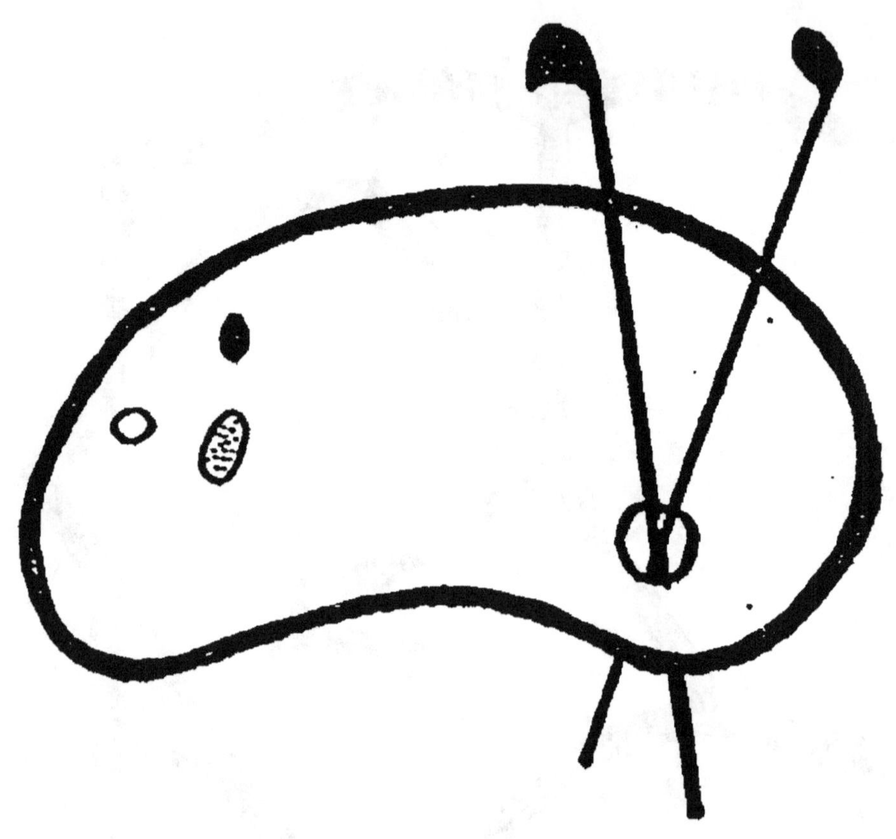

DEBUT D'UNE SERIE DE DOCUMENTS
EN COULEUR

DISCOURS

PRONONCÉS

à PAU et à NAY

les 13 et 14 Janvier 1892

SUR

LA POLITIQUE D'APAISEMENT ET LA QUESTION SOCIALE

PAR

M. LÉON SAY

Député de la 1ʳᵉ Circonscription de Pau.

PAU

IMPRIMERIE-STÉRÉOTYPIE GARET, RUE DES CORDELIERS, 11

1892

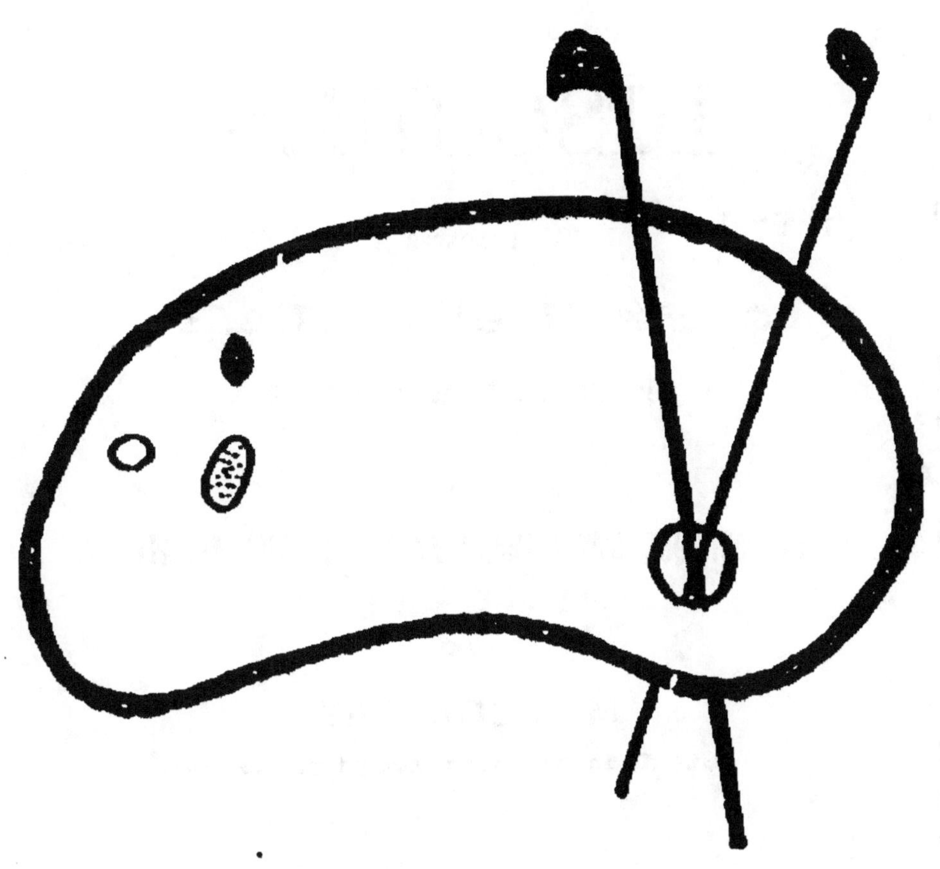

FIN D'UNE SERIE DE DOCUMENTS
EN COULEUR

DISCOURS

PRONONCÉS

à PAU et à NAY

les 13 et 14 Janvier 1892

SUR

LA POLITIQUE D'APAISEMENT ET LA QUESTION SOCIALE

PAR

M. LÉON SAY

Député de la 1ʳᵉ Circonscription de Pau.

PAU

IMPRIMERIE-STÉRÉOTYPIE GARET, RUE DES CORDELIERS, 11

1892

DISCOURS DE M. LÉON SAY A PAU

Je me suis présenté devant vous il y a deux ans pour solliciter vos suffrages et je vous ai exposé mes idées politiques : vous m'avez donné la majorité et j'ai rempli le mandat que vous m'aviez confié avec toute l'activité dont je me suis senti capable. Je crois être resté fidèle à mon programme.

La situation était alors bien étrange et pleine encore de difficultés. Le boulangisme avait pour ainsi dire achevé sa triste carrière ; la Haute Cour dont j'avais l'honneur d'être un des juges, avait prononcé son arrêt, la grande agitation dont nous avions tant souffert au commencement de l'année s'était à peu près calmée ; les passions aveugles et ennemies qui avaient donné naissance à la coalition s'étaient éteintes ou se dissimulaient ; on ne comptait déjà plus avec le chef dont la fin tragique ne devait plus, quelques mois plus tard, inspirer aux honnêtes gens qu'une sorte de dégoût accompagné d'une pitié suprême. Cependant, en même temps que nous avions assisté à la plus triste des aventures, nous avions été témoins de ce spectacle réconfortant de l'Exposition Universelle où le génie français, se donnant libre carrière, avait étonné le monde encore plus que nous-mêmes. Nous avions assisté, en quelque sorte à la même heure, comme à une décadence et à un relèvement de la France ; nous n'avions d'ailleurs jamais douté que la France ne se relevât car elle a cette merveilleuse faculté de sortir par l'énergie de ses efforts, et sa puissance sur elle-même, des situations les plus obscures ou qui paraissent les plus désespérées.

La France avait pour ainsi dire vécu toute l'année comme au dehors de chez elle ; nous étions semblables à des gens restés trop longtemps loin de leur demeure, qui aspirent à rentrer dans leurs ateliers, dans leurs campagnes, dans leurs bureaux, partout enfin où leurs occupations ordinaires les appellent. Nous voulions en finir avec les agitations ; nous souhaitions l'apaisement. C'est sous l'empire de cette idée générale que se sont faites les élections de 1889. Vous ne l'ignorez pas, messieurs, l'apaisement est chose difficile. Il ne manque pas de questions irritantes et les meilleures volontés se heurtent toujours aux prétentions de certains irréconciliables, irréconciliables par conviction ou par intérêt.

La République a dès les premiers jours de l'année 1890 assisté à la dissolution des partis que prétendaient conduire quelques chefs politiques.

Il y en a qui parlaient haut naguère et qui gardent le silence aujourd'hui. On compte encore nombre de généraux mais ces généraux ne savent plus où sont leurs armées. Leurs armées se sont débandées et les individus qui les composaient reviennent à nous les uns après les autres. Qu'avons-nous à faire pour attirer les derniers hésitants, pour unir le plus grand nombre de français dans une même pensée et pour rendre par cette union notre patrie plus grande et plus forte ?

nous avons à pratiquer une politique d'apaisement et quand j'emploie le mot de politique je l'entends dans son sens le plus élevé.

Il faut avoir une politique, c'est dire qu'il faut craindre de gouverner au jour le jour. Ce n'est que par la persévérance dans une politique que nous obtiendrons la stabilité gouvernementale si nécessaire à une grande nation et à laquelle tous les bons français doivent aspirer et aspirent.

Cette stabilité, nous l'avons cherchée à travers beaucoup de difficultés. La première de ces difficultés est provenue de la confusion qu'on a faite si souvent entre la stabilité gouvernementale et la stabilité ministérielle. Nous tenons à la première plus qu'à la seconde et nous ne voulons celle-ci que lorsqu'elle est le résultat et la preuve de celle-là. Parfois nous avons été témoins d'hésitations qui ont affligé le pays parce qu'elles ont permis de dire du gouvernement qu'il suivait la Chambre au lieu de la diriger. La nation désire un ministère qui sache ce qu'il veut, qu. considère comme son premier devoir d'avoir une opinion ; il nous faut un gouvernement qui ait la confiance des Chambres, mais qui en même temps prétende à l'honneur de marcher à leur tête. Les Parlements suivent volontiers les ministères dont les intentions sont droites et claires et qui leur paraissent décidés à ne pas vivre d'improvisations, pour gagner comme si c'était leur pain quotidien, une majorité de tous les matins.

Je voudrais pouvoir développer en quelques mots cette idée fort peu compliquée, mais qui a besoin d'être bien comprise. Je ferai de mon mieux pour être simple et clair ; nous sommes ici entre libéraux et républicains ; et pour ainsi dire, entre nous, je cause en quelque sorte avec des amis. Je ne me gênerai pas pour me répéter et vous ne vous gênerez pas pour me rappeler à la clarté, si je m'en éloigne.

Pour pratiquer la politique de l'apaisement, il n'est pas nécessaire de se livrer à ses adversaires ; que veut-on et que peut-on faire pour ceux qu'on appelle à soi ? Ce qu'on veut et ce qu'on peut, il faut le dire bien haut, le déclarer avec une entière franchise : — On ne gagne jamais ceux qu'on trompe. Nous voulons l'apaisement religieux, mais nous voulons l'obtenir tout en déclarant hautement que nous ne sacrifierons rien des droits de l'Etat. Notre gouvernement est laïque, les Français veulent faire leurs affaires eux-mêmes ; ils ne veulent pas que les clergés s'en mêlent. Nous savons qu'il y a des agitateurs pour qui l'intérêt catholique n'est qu'un prétexte. Nous nous soucions peu de ces gens-là ; ils veulent faire sortir les prêtres de leur rôle.

Nous professons le respect de la religion et des consciences ; nous savons que les catholiques ont fait vaillamment en maintes circonstances sur les champs de bataille leur devoir, tout leur devoir de Français. Ils sont de bons Français comme nous.

Nous voulons les persuader que nous les honorons, mais il est des bornes que nous ne pouvons pas franchir ; il est des droits imprescriptibles issus de la Révolution française que nous ne voulons pas mettre en discussion. Avec des déclarations empreintes de cette franchise, nous trouverons l'entente plus facile. Pour concilier des adversaires, il n'y a rien de plus sûr que d'user avec eux de la plus parfaite loyauté.

Ce n'est pas d'aujourd'hui d'ailleurs que des difficultés s'élèvent entre les clergés et les gouvernements. Il y en a eu dans tous les temps, dans tous les pays. Les

Etats les plus catholiques n'en ont pas été exempts, et des dissentiments ont souvent éclaté sur les questions d'éducation, de culte, de politique entre les rois tant anciens que modernes et les évêques. Louis XIV, le roi très chrétien, était très dur pour le clergé, et aujourd'hui l'empereur d'Autriche, le prince très catholique, n'en fait pas moins respecter son autorité avec la plus extrême sévérité par tous les membres du clergé qui s'écartent de leurs devoirs civils ou politiques.

On a vu dans l'Autriche-Hongrie des prêtres mis en prison pour des raisons d'ordre politique et revêtus du costume des prisonniers qu'on leur permettait de quitter seulement à l'heure des offices, où ils reprenaient leurs habits sacerdotaux. Est-ce que les catholiques n'ont pas accepté avec docilité la police souvent brutale de pareils souverains ? Ils se soumettaient parce qu'ils savaient que les souverains auxquels j'ai fait allusion n'en voulaient pas à leur religion, qu'ils n'étaient pas les ennemis du catholicisme, qu'ils ne rêvaient pas la destruction de l'Église. Soyez sûrs que chez nous l'Église sera soumise quand elle sera convaincue que nous n'en voulons pas à la religion. Nous entendons rester les maîtres chez nous, c'est vrai, nous nous opposerons à ce que sous prétexte de religion on porte la guerre dans nos campagnes et qu'on soulève nos populations, mais nous n'entendons pas détruire la religion, bien au contraire, nous voulons sincèrement protéger la liberté de conscience des catholiques comme de tous les autres citoyens.

Ce langage est un langage de paix, croyez-le bien, et il sera, comme tel, compris des hauts dignitaires de l'Église ; la voix même du Pape n'a parlé dans les termes que vous connaissez que parce qu'il a eu confiance dans la loyauté de notre attitude et qu'il a compris que nous parlions en honnêtes gens. Il y a certainement des catholiques disant bien haut qu'ils n'ont aucune confiance dans cette loyauté que j'invoque et même affirmant avec audace que nous sommes les ennemis irréconciliables de la religion ; ils proclament que nous cherchons à détruire l'église catholique. Mais ceux qui parlent ainsi sont les papes laïques qui ont l'audace de vouloir dominer les catholiques français, des espèces d'anti-papes. Nous n'attachons aucune importance à leurs délations. Nous sentons bien les uns et les autres ce qu'il y a d'absurde à nous représenter comme voulant abolir la religion et faire violence aux croyances de nos concitoyens, nous savons qu'il ne faut pas confondre les catholiques et les politiciens catholiques, mais il faut que tout le monde le sente et sache comme nous. J'ai eu un jour, moi-même, républicain et protestant philosophe, l'honneur, il y a trois ans, d'être admis auprès du St-Père ; j'ai été frappé de l'élévation de son langage, de l'expression de son amour sincère pour la France ; soyez sûrs qu'il connaît nos sentiments ; il sait bien que nous voulons jouir de nos droits, que nous revendiquons notre liberté, toute notre liberté, la liberté de nos droits et de nos consciences, mais il a compris que nous ne voulions pas détruire la religion. Disons sincèrement que nous ne voulons pas faire la guerre à la religion, mais disons non moins sincèrement que nous ne voulons rien sacrifier des droits de l'Etat moderne et nous aurons, par cette franche parole, préparé le terrain sur lequel on s'entendra un jour pour faire l'apaisement.

J'ai eu des discussions avec quelques-uns de mes amis à propos des droits d'accroissement et du régime fiscal auquel on veut soumettre les congrégations.

Je crois qu'on ne doit pas abuser de la fiscalité, fût-ce contre ses adversaires ; aussi bien en France en abuse-t-on parfois, même aux dépens de ses amis. La Chambre avait accueilli avec faveur les observations développées avec éloquence par mon ami M. Clausel de Coussergues. M. Clausel avait démontré surabondamment que le mode de perception appliqué par l'administration de l'Enregistrement, dénaturait l'impôt et le transformait en une taxe destructive des richesses qu'on voulait atteindre. C'était un abus, un défaut de franchise. Il n'est pas honnête d'absorber entièrement par l'impôt les biens qu'on ne doit atteindre que dans leur mouvement et à raison de certaines transmissions.

Le gouvernement a montré ce jour-là une hésitation que pour ma part j'ai vivement regrettée. Il a fait ajourner la question en promettant de la résoudre dans un court délai.

Quelques-uns de ces papes laïques dont je parlais à l'instant ont profité de ce délai pour pousser à la guerre. Ce sont les ennemis naturels de l'apaisement. En présence de l'agitation qu'ils ont fait naître, le gouvernement a craint de rouvrir la discussion. On la reprendra de nouveau bientôt je pense et nous ferons de l'apaisement sur cette question comme sur d'autres ; nous voulons la paix, nous la ferons à notre heure, mais nous ne traiterons pas avec des gens qui s'arment contre nous.

Nous choisirons notre temps et la pacification ne perdra rien pour avoir attendu.

On peut prendre une allure ou une autre ; l'activer ou la ralentir, mais il ne faut jamais dévier de la ligne droite. Garder la ligne droite c'est ce que j'appelle suivre une politique, c'est assurer la stabilité gouvernementale. Nous avons souvent changé de ministère, mais les ministères changés étaient au fond toujours les mêmes. Les modifications sans valeur politique qu'ils subissaient n'étaient qu'un jeu puéril, dangereux, qui a fatigué le pays; mieux eut valu, sur une question bien posée, faire tomber un ministère; la politique en aurait été éclaircie : avec des ministres dévoués à une politique, la situation ne comporte pas d'équivoque ; ce qui importe en réalité, c'est moins la stabilité des ministres que celle des programmes.

Au début de l'année dernière, nous avons eu un remaniement dans le Ministère. La retraite de M. Constans avait amené la chute du cabinet de M. Tirard; quelques jours après M. Constans reprenait une grande place dans un cabinet renouvelé. Il y entrait avec une incontestable autorité et son autorité a grandi encore depuis, parce qu'on sait qu'il a la fermeté nécessaire pour sortir d'un cabinet quand il ne veut pas en appliquer la politique. Je ne partage pas toutes ses vues, mais je reconnais qu'il y a de la persistance dans ses idées politiques, qu'il ne s'abaisse pas devant les menaces, qu'il ne court pas après de factices majorités. C'est véritablement un homme politique. Mon ami M. Ribot est entré en même temps que lui dans ce même cabinet ; c'est un orateur incomparable, qui élève les questions et possède l'art de parler de haut sans blesser, c'est un ministre indispensable dans un cabinet libéral. Il a peu parlé et je le regrette dans la discussion du tarif général des douanes ; je lui reprocherai plus loin ce silence qu'on a pu prendre pour de l'indifférence, mais comme il a une politique, comme il ne daignerait pas être le serviteur de tout le monde, son entrée au ministère est un fait considérable dont il faut féliciter le pays comme M. Ribot lui-même.

Ce n'est pas seulement la question religieuse qu'il faut traiter par la politique d'apaisement avec loyauté et avec franchise. La question sociale s'impose, il faut l'aborder pour l'apaiser aussi et la traiter par une méthode politique. « En France, disait Talleyrand, tout arrive. » Eh! bien, il faut penser et dire qu'il y a des choses qui ne doivent pas arriver. Tout n'est pas possible ici-bas ; il faut être assez perspicace et assez courageux pour l'avouer ; nous devons nettement déclarer à la démocratie française, libérale et républicaine que nous n'essaierons pas de faire ce qui nous paraît irréalisable. La question sociale ! je m'exprime mal ; Gambetta l'avait fait justement observer ; on doit dire les questions sociales, car elles sont multiples et diverses.

Les questions sociales ont pris d'ailleurs un caractère nouveau ; reléguées jadis dans les spéculations de quelques esprits agités et souffrants, traitées comme des révoltes et mises au ban de la politique, elles ont passé dans le domaine des préoccupations gouvernementales ; c'est une évolution qu'on a dû bien nettement comprendre au moment de la Conférence de Berlin. Nous avons été convoqués à cette conférence ; nous avons accepté d'y figurer, malgré toutes les difficultés d'une situation particulièrement délicate sur laquelle je n'ai pas besoin d'insister. Nous y sommes allés avec une sorte de manifeste, rédigé sous la forme d'une lettre adressée par M. Spuller à notre ambassadeur à Berlin et nous y sommes restés dans des conditions honorables pour notre pays. Qu'y avons-nous fait ? Nous avons refusé de nous associer à une œuvre de législation internationale ; fidèles aux traditions françaises, nous avons défendu les solutions par la liberté comme étant celles qu'imposent les grands principes de la Révolution; nous n'avons, enfin, accepté de programme de discussion qu'à la condition qu'il soit absolument limité : la journée de travail fixée à un certain nombre d'heures, le repos du dimanche, la protection des enfants sous réserve de discuter la protection des femmes majeures.

J'ai toujours été d'avis qu'on protégeât les faibles par des lois, c'est-à-dire les enfants, mais pour les adultes, je repousse le principe d'une protection destinée à se changer très vite en oppression ; des expériences nombreuses l'ont prouvé. Il y a dans les documents recueillis en grand nombre par la Commission parlementaire du travail, des détails bien instructifs. La plupart des ouvrières interrogées ont répondu qu'elles désiraient ne pas être obligées de travailler trop longtemps mais elles entendaient ne pas voir diminuer leurs salaires. — « J'ai des enfants, disait à un des commissaires une robuste femme du peuple ; je veux pouvoir travailler comme il me plaît pour les nourrir. » Aussi ai-je voté lors de la discussion du projet de loi sur le travail contre ce qu'on appelle la protection des femmes, j'ai voté des mesures de protection pour les enfants, mais non pas pour les femmes adultes.

Protéger l'enfance, mais c'est un désir qui est dans le cœur de tous, je dirais dans le cœur même de la France; d'ailleurs, nous avions déjà sur la matière une loi, celle de 1874(1). Il suffisait de l'améliorer; parmi les mesures de protection se trouve l'obligation du repos hebdomadaire. Ce repos est impérieusement nécessaire

---

(1) Voir plus loin le discours que j'ai prononcé le 29 juin 1890 comme président de la Société de protection des apprentis et enfants employés dans les manufactures.

pour l'enfant mais ce qui m'a paru singulier c'est qu'on ait supprimé le mot dimanche qui figurait dans la loi antérieure. La loi nouvelle vise seulement un jour de repos indéterminé en sus des jours fériés. C'est alors que j'ai pris la parole pour demander que la loi nouvelle fut aussi franche que celle de 1874 et se servit de l'expression de dimanche consacrée par dix-neuf siècles pour distinguer le jour de repos.

Cette mention, disais-je, n'a rien de clérical ; le dimanche ne doit pas être plus suspect que le lundi de Pâques ou de la Pentecôte, qui sont des jours fériés déterminés par la loi et qui sont des jours sans affaires, sans bourse, des jours où les protêts sont suspendus. Il y a, je le sais, des industries qui ne peuvent chômer le dimanche et il faut bien faire des exceptions ; mais s'il y a lieu de fixer un jour ce doit être le dimanche. Le dimanche n'est-il pas le jour de repos des administrations publiques, des écoles ? N'est-ce pas ce jour-là seulement que la famille peut se reposer en commun ? On a préféré, malgré tout ce que j'ai pu dire, rester dans l'équivoque, ce qui ne m'a pas d'ailleurs découragé ; cela ne m'a pas empêché, en effet, de conserver la présidence d'une ligue pour le repos du dimanche ; nous y coudoyons gens de toutes les confessions, de toutes les religions et de toutes les philosophies, de tous les partis également car le dimanche n'a point de couleur politique. Ce que nous voulons c'est qu'on respecte des mœurs et des habitudes indestructibles. On m'a raconté jadis qu'un vieil ouvrier qui avait vécu au temps du calendrier républicain avait répondu à quelqu'un qui lui demandait quel jour il se reposait sous la première République : « Je chômais le décadi, répondait-il, mais je me faisais la barbe le dimanche. » Le dimanche proscrit trouve toujours le moyen de reparaître par quelque côté.

D'autres chercheront à moraliser le repos du dimanche et ils auront raison ; cela n'est point l'affaire de la ligue que je préside. Les catholiques s'efforceront d'attirer les fidèles à leurs exercices religieux ; des sociétés libres multiplieront les distractions morales et utiles ; que ces sociétés soient nombreuses, prospères, qu'elles réussissent, nous le souhaitons de grand cœur, mais je le répète leur œuvre n'est pas celle de la ligue que je préside pour le repos du dimanche. Le repos du dimanche est pour nous une nécessité d'ordre général, hygiénique et morale en dehors de toute religion, de toute philosophie (1).

------

(1) *Discours de M. Léon Say sur le repos du Dimanche.* *(Chambre des Députés, 19 Décembre 1891.)*

Messieurs, je ne retiendrai pas longtemps votre attention.

L'amendement que je propose à votre acceptation est très simple ; je ne dirai que ce qui est strictement nécessaire pour le défendre.

Ce que je voudrais, c'est le retour à la loi de 1874. Cette loi portait dans son article 5 :

« Les enfants âgés de moins de seize ans et les filles âgées de moins de 21 ans ne pourront pas être employés ou occupés au travail par leurs patrons, les dimanches et jours de fêtes reconnus par la loi, même pour le rangement de l'atelier. »

Insérez dans cette disposition de la loi de 1874 les mots « et les femmes », puisque vous avez décidé de réglementer le travail des femmes, et vous aurez l'article même que je vous demande d'adopter.

La loi de 1874 a donné de très bons résultats.

Elle fonctionne depuis dix-sept ans et elle a rendu de véritables services. Les inspecteurs qui sont chargés de surveiller

La France a fait une belle figure à la conférence de
Berlin. On a vivement apprécié l'attitude de nos délé-
gués français ; mon illustre ami M. Jules Simon faisait
autorité, dans cette réunion, et l'on écoutait avec atten-

---

son exécution ont un double rôle, celui de faire appliquer la
loi et celui d'éclairer les patrons de leurs conseils en leur
montrant combien cette loi est conforme aux exigences de la
morale et du progrès.

L'intervention de ces fonctionnaires d'un ordre particulier
a produit les résultats les plus satisfaisants. Il faut dire aussi
qu'ils étaient aidés par des sociétés particulières, notamment
par la grande société de protection des apprentis, dont
M. Dumas a été président et que j'ai l'honneur de présider
après lui.

Cette grande société a fait les plus louables efforts pour
instruire les patrons et pour faciliter aux inspecteurs leur
mission.

Pourquoi changer une loi qui a fait ses preuves depuis dix-
huit ans et dont personne ne conteste les excellents résultats ?

J'avoue que je cherche en vain les raisons qui vous ont
décidés à modifier la loi de 1874. Je ne crois pas qu'il puisse
entrer dans votre esprit que le repos hebdomadaire se prendra
le dimanche dans telle usine, le lundi dans telle autre, le
mardi dans un atelier, le mercredi dans un atelier voisin, de
façon que si les membres d'une même famille étaient occupés dans ces divers ateliers, le jour de repos serait différent
pour chacun d'eux. *(Interruptions à gauche.)*

Je suis persuadé qu'aucun membre de cette Chambre ne
doute, quelles que soient les précautions que vous preniez
pour ne pas désigner le jour du repos hebdomadaire, en fait
que ce soit toujours le dimanche, qui sera choisi comme jour
de repos.

Quand on a de bonnes ou même de mauvaises habitudes
ne remontant même qu'à une vingtaine d'années, on a beaucoup de peine à les changer. Qu'est-ce donc si au lieu d'années
il s'agit de siècles ?

Notre race a depuis dix-huit cents ans la bonne ou la mau-

tion ses collègues, Burdeau, Tolain, l'ingénieur Linder et l'ouvrier mécanicien Delahaye. C'est qu'on aime toujours à entendre la France parler et à la voir agir : on aime à suivre ses inspirations ; on attache dans le

---

vaise habitude, si vous voulez, de se reposer le dimanche. Comment pourrait-on changer une habitude si ancienne sans faire naître dans la population un sentiment de mécontentement très légitime ? C'est cependant ce que vous allez faire si vous laissez à l'arbitraire des patrons la désignation du jour de repos hebdomadaire, que la loi de 1874 fixait au dimanche en respectant nos habitudes séculaires.

Cette considération me paraîtrait très suffisante pour vous faire adopter mon amendement.

Je n'ai pas besoin, en effet, d'insister sur le côté moral de la question.

Je ne fais pas ici le discours d'un moraliste ni le discours d'un pasteur ; je sais que la nécessité morale du repos hebdomadaire ne peut être contestée par personne dans cette Assemblée.

Je me demande alors ce qui peut vous empêcher de prononcer le mot « dimanche ». Pourquoi ne pas écrire ce mot de votre main ? Qu'a-t-il de blessant pour vous ? Vous avez bien écrit dans votre loi les mots de « lundi de Pâques », les mots de « lundi de la Pentecôte » ; ces mots ne vous ont pas choqués, vous n'avez pas trouvé qu'ils furent difficiles à prononcer et à écrire. *(On rit.)*

Donc, si vous votez le texte de la commission, le repos sera obligatoire le lundi de Pâques et le lundi de la Pentecôte ; mais il ne le sera pas le jour de Pâques ni le jour de la Pentecôte, parce que Pâques et la Pentecôte sont des dimanches, et qu'il faut bien prendre garde de mettre dans la loi quelque chose qui ressemblerait à l'obligation de se reposer le dimanche ! Ainsi c'est le mot de « dimanche » qui vous fait peur.

Le Conseil municipal de Paris a plus de courage que vous. Il n'a pas eu la moindre difficulté à prononcer le mot, et, si vous en doutiez, je n'aurais qu'à prier l'honorable M. Vaillant de vous envoyer le texte de la résolution qu'il a proposée au

monde entier le plus grand prix à la manifestation de la pensée française.

On ne le dit pas toujours, mais l'Europe actuelle, qu'elle l'avoue ou non, procède de la Révolution française. Par cette conférence de Berlin nous nous sommes placés au cœur des questions sociales. Déjà d'ailleurs,

---

Conseil Municipal sur le repos des égoutiers le dimanche. *(Très bien ! très bien !)*

Il n'y a donc, vous le voyez, aucune espèce de considération politique ou morale qui puisse vous engager à supprimer le mot « dimanche » ; il y en a, au contraire, beaucoup qui vous engagent à le maintenir.

M. JULES MAIGNE. Vous savez l'usage qu'on en a fait sous la Restauration.

Je demande la parole.

M. LÉON SAY. Quoique je sois né avant la révolution de Juillet, je ne puis pas dire que j'aie beaucoup pratiqué les habitudes de la Restauration ; mais il est très certain que sous la Restauration j'aurais eu d'abord et avant tout le désir de m'opposer à certains empiètements qui m'auraient déplu tout autant qu'à vous, mon cher collègue.

Mais la question n'est pas là ; il ne s'agit nullement ici de faire une loi qui ait un caractère religieux. Comment ! vous voulez supprimer le mot « dimanche » uniquement parce qu'à une époque très éloignée de nous il y a eu des lois qui, se plaçant à un point de vue religieux, ont obligé à l'observation du dimanche ? Laissez-moi vous dire que c'est puéril ! *(Rumeurs sur divers bancs à gauche.)*

Vous semblez, en proposant ce paragraphe, vouloir punir l'histoire d'une autre époque, l'histoire du siècle dernier. *(Rires à droite.)*

Un membre à gauche. C'est pour l'empêcher de recommencer !

M. EMILE MOREAU. Comment ! vous mettez la Restauration dans le siècle dernier ?

M. LÉON SAY. Pour moi, les idées qui régnaient sous la Restauration sont tellement éloignées de nos esprits, que je

nous avions recueilli des données expérimentales de la plus haute importance dans les mémoires, tableaux, modèles qu'ont apportés à l'Exposition de 1889, des industriels, des commerçants, des sociétés de patronage

---

les considère volontiers comme étant du siècle dernier, c'est-à-dire d'un siècle que nous ne reverrons pas.

M. Emile Moreau. Heureusement.

M. Cunéo d'Ornano. On mangeait sous la Restauration. Pourquoi imitez-vous la Restauration en mangeant encore. *(Rires à droite.)*

M. Léon Say. J'ai déjà vu des assemblées obéir à des préoccupations de ce genre, mais ces préoccupations me paraissent indignes des députés de la France, indignes d'une assemblée comme celle-ci.

N'imitez pas une assemblée départementale dont j'ai fait partie qui, obligée de prescrire un jour de maigre dans un établissement hospitalier par raison d'économie, prenait la précaution de stipuler que ce jour de maigre ne pourrait être le vendredi. *(On rit.)* Vous trouvez sans doute avec moi que de semblables raisons sont puériles ; j'ai peur cependant que vous ne vous laissiez influencer par elles.

Je voudrais vous dire encore quelques mots sur l'application de l'article que nous discutons. Ce n'est pas moi qui ai demandé qu'on ajoutât les mots « et les femmes » à l'ancienne loi de 1874. Je l'accepte cependant et je demande avec vous qu'on puisse appliquer la loi nouvelle de façon à gêner le moins possible les habitudes des travailleurs et des patrons.

Les inspecteurs ont fait remarquer qu'il était actuellement très facile de surveiller l'ensemble des ateliers, mais que, si le jour du repos hebdomadaire n'était pas fixé obligatoirement le dimanche, les difficultés de surveillance seraient infiniment plus grandes.

J'ai sous les yeux quelques rapports dont je cite des extraits : « La mesure du repos hebdomadaire substitué au dimanche, dit l'un d'eux, ne modifierait pas les usages existants, mais elle rendrait, à notre avis, la surveillance presque impossible. Le service éprouverait dans l'application beau-

et des sociétés ouvrières indépendantes. Pour réaliser au Champ-de-Mars et à l'Esplanade des Invalides, une Exposition complète, où pût se produire tout le génie de la France, il fallait montrer notre pays dans son

---

coup de difficultés, en raison des fausses déclarations qu'il devrait redouter. »

« L'application de la loi, dit à son tour l'inspecteur départemental de la 7ᵉ section de la Seine, rencontrerait des difficultés, si la loi en préparation ne désignait pas nominativement le jour de la semaine qui doit être consacré au repos. »

'Si vous saviez le nom de cet inspecteur, vous verriez qu'il ne peut être soupçonné d'aucune préoccupation cléricale. Nous discutons, en ce moment, une loi d'affaires ; il est inutile d'y introduire des préoccupations qui doivent y rester tout à fait étrangères. Certes, je ne demande pas mieux que de discuter avec vous les questions qui vous passionnent ; de telles discussions peuvent être nécessaires à certains moments ; mais pourquoi les introduire dans une question d'affaire très simple, quand il s'agit de chercher les meilleurs moyens d'appliquer une loi qui doit vous intéresser plus que moi, car je suis aussi peu interventionniste que possible ?

Je crois que sans rien abandonner de vos opinions philosophiques, vous pourriez très bien, en donnant vous même l'exemple, puisque vous ne siégez pas ce jour-là *(Rires à droite)*, demander qu'on chômât le dimanche dans les ateliers.

Votre loi sera alors d'une application possible. Si vous voulez qu'elle réussisse comme la loi de 1874, mettez-là en harmonie avec les mœurs séculaires de notre pays. *(Très bien ! très bien ! sur divers bancs.)*

M. Emile Moreau. C'est évidemment la coutume qui servira de guide !

M. le Président. La parole est à M. le rapporteur.

. . . .

. . . .

M. le Président. La parole est à M. Léon Say.

M. Léon Say. Je veux dire seulement deux mots de réponse à mon honorable ami M. Jamais.

action sociale, faire apparaître ses efforts pour l'amélioration des déshérités de la fortune et montrer leurs résultats dans des œuvres réalisées. Où en étaient les sociétés de secours mutuels, de prévoyance, d'épargne

---

La grande raison de M. Jamais, c'est qu'il ne faut pas avoir l'air d'être clérical.

M. CLÉMENCEAU. C'est qu'il ne faut pas l'être.

M. LÉON SAY. Il ne faut pas l'être, certainement, et je ne le suis pas, vous le savez bien ; mais il m'est absolument indifférent de le paraître aux yeux de ceux qui ne veulent pas entendre raison ! La vérité est que ceux qui sont cléricaux n'osent pas présenter une loi de ce genre : c'est le cas de M. Bernaert en Belgique et de son collègue M. Woeste dont M. Jamais vous parlait tout à l'heure !

J'ai vu avec un certain regret que, lors de la discussion au Sénat, on n'a pas osé demander l'introduction des mots « le dimanche » et qu'on s'est borné à demander la suppression de l'affichage.

M. LE RAPPORTEUR. Je vous demande pardon ! Cette discussion a même pris toute une séance.

M. LÉON SAY. Je parle de la dernière discussion, de celle qui vient d'avoir lieu.

M. LE RAPPORTEUR. La majorité qui s'était prononcée la première fois avait été en effet tellement forte, que les auteurs de l'amendement primitif ont jugé inutile de la présenter de nouveau.

M. LÉON SAY. Les auteurs de l'amendement, au nom desquels M. Wallon a parlé, ont demandé que l'on supprimât le paragraphe relatif à l'affichage, parce que c'était un moyen détourné d'obtenir le repos du dimanche.

Eh bien, moi, je ne prends pas de moyens détournés, parce qu'il m'est tout à fait indifférent, je le répète, qu'on dise que je suis clérical ; je sais que je ne le suis pas, et j'ai ma conscience pour moi. M. Jamais vous a cité l'exemple de la Belgique ; la situation n'est pas du tout la même dans cette Assemblée. La question a été posée en Belgique entre deux partis politiques, le parti catholique, représenté par M. Ber-

les œuvres patronales, les sociétés ouvrières indépendantes? Comment vivaient-elles, comment se dévelop-

---

naert, et le parti libéral. Si elle se présentait ici dans les mêmes conditions, je résisterais à cause du point de vue politique. Mais nous ne sommes pas en présence d'une question politique. Il ne s'agit pas de savoir si le parti catholique arrivera ou n'arrivera pas au pouvoir, et vous ne voudriez certainement pas transformer une question d'affaires en question politique.

M. JULES MAIGNE. Elle l'a été au 16 Mai.

M. LÉON SAY. Je sais bien qu'il y a des personnes qui introduisent le cléricalisme partout; cela a l'avantage d'apporter quelque attrait dans une discussion sérieuse qui n'est pas toujours suivie avec l'intérêt qu'elle mérite. *(On rit.)* Tout à l'heure, en effet, je trouvais qu'on n'écoutait pas assez les choses très intéressantes qu'on disait à cette tribune, et je constate avec plaisir que les préoccupations religieuses ont eu l'avantage de vous rendre attentifs; mais il n'y a pas moins là une fâcheuse tendance qui n'existe que dans certaines Assemblées parlementaires. Dans une autre Assemblée où toutes les opinions étaient représentées, et où les catholiques n'étaient certainement pas en majorité, à la conférence de Berlin, on a prononcé ce mot de « dimanche » en disant que le repos du dimanche serait obligatoire pour les enfants et pour les femmes protégés. Comme c'était là une assemblée pour ainsi dire technique, composée de personnes s'occupant de questions d'affaires, elle n'a pas reculé devant le mot qu'il fallait employer.

Ici vous n'avez pas, en ce moment, à soulever une question politique à l'occasion d'une loi d'affaires, et vous n'hésiterez pas non plus à dire le mot : dimanche.

Toutes les fois que vous viendrez proclamer la supériorité du pouvoir civil sur le pouvoir religieux, la supériorité de l'Etat moderne, soyez persuadés, messieurs, que je serai avec vous de la façon la plus formelle; mais il ne s'agit de rien de pareil en ce moment.

Voilà pourquoi je vous demande de vouloir bien accepter mon amendement. *(Très bien! très bien! sur divers bancs.)*

paient-elles, d'où venaient-elles et où allaient-elles ? De l'exposition d'une masse de documents qu'il nous a été permis d'étudier, il est résulté pour moi une impression très vive. Oui, il y a encore des réformes à faire et en grand nombre. Toutes les réformes ne sont pas des rêves. A côté des chimères, il y a beaucoup de réalités dans ce qu'on appelle les revendications sociales. Je ne proscris pas d'ailleurs les rêves qui apportent tant de consolations aux malheureux ; il y aura toujours des gens qui ne seront heureux que par leurs espérances.

Cependant nous n'avons pas à légiférer sur des espérances irréalisables. A aucune époque, on n'a vu plus de tentatives faites pour mettre d'accord les patrons et les ouvriers. Les sociétés mixtes de patrons et d'ouvriers tendent, il est vrai, à se transformer en sociétés de pure initiative ouvrière, mais institutions patronales et institutions purement ouvrières, toutes ont fait du bien. Il est vrai aussi qu'on n'a jamais réussi que par des méthodes différentes selon les cas et les lieux ; à des questions particulières, il n'est que des solutions particulières ; il serait aussi fou de prétendre appliquer toujours les mêmes procédés à guérir les maux de ceux qui souffrent que de vouloir habiller tous les hommes avec des vêtements faits pour une seule taille. Il ne faut pas généraliser dans les questions sociales.

Quelques-uns vont cependant jusqu'à la généralisation suprême, et préconisent le socialisme d'Etat, ce socialisme tyrannique qu'on a appelé si justement le panthéisme d'Etat.

L'intervention exclusive de l'Etat ne saurait résoudre les questions sociales que par une totale destruction des initiatives privées et une diminution de la valeur morale de l'humanité. Nous avions pensé à offrir, dans l'Exposition de 1889, une place au socialisme d'Etat allemand. J'ai même demandé au fils de M. de Bismarck d'exposer l'œuvre de son père ; mais le socialisme d'Etat allemand n'a pas plus voulu paraître au Champ-de-Mars ou à l'Esplanade des Invalides que l'industrie allemande. Nous n'avons pu exposer que les contradictions qu'on en a faites.

C'est en me servant des études sociales que j'ai faites à l'Exposition d'Économie Sociale, que je combats et combattrai à la Chambre des mesures qui paraissent être des solutions, mais qui, en réalité, n'en sont pas (1).

---

(1) *Introduction au rapport général de M. Léon Say sur l'exposition d'économie sociale* (p. 1).

Les produits et l'outillage de l'industrie, qui sont l'objet ordinaire des grandes Expositions nationales ou universelles, manifestent la grandeur du génie humain en affirmant la domination de l'homme sur le monde matériel et l'asservissement des grandes forces naturelles à la satisfaction de nos besoins.

La chaleur, la pesanteur, l'expansion des gaz, les affinités chimiques, l'électricité, ont été petit à petit maîtrisées, et leur force brutale qui semblait menacer la faible humanité à sa naissance, est devenue, sous l'action pénétrante, continue et énergique de l'intelligence humaine, une force bienfaisante, créant au lieu de détruire et concourant à la production de tout ce que nous croyons nécessaire au progrès de la civilisation.

Ce qui caractérise les forces naturelles que nous venons d'énumérer et les autres de même nature, connues ou inconnues encore, c'est qu'elles sont universelles et inépuisables, qu'on ne les détruit ni en s'en servant dans un lieu particulier ni en exerçant, n'importe où, de pression sur elles. Aussi est-il impossible d'en abuser ; on peut en tirer, sans scrupule, tout ce dont on a besoin ; il n'y a jamais d'excès contre elles.

Mais ces forces naturelles ne sont pas seules à concourir à

Il est aisé et doux de dire à ceux qui souffrent : l'Etat est là qui peut vous guérir ; il est facile d'être utopistes, et notre cœur nous y entraîne. Il paraît simple de puiser dans le Trésor public. C'est pour bien des gens comme

---

la production. Il y en a une autre qui joue, quelquefois, le même rôle, mais qui le joue dans des conditions bien différentes. Cette autre force s'appelle la force humaine ; elle se confond avec l'âme et l'intelligence de l'homme. Au lieu d'être partout, elle est comme localisée et divisée pour habiter dans chacun de nous. Elle peut être détruite par l'abus et ne se défend contre les destructions dont l'industrie pourrait la menacer que parce qu'elle a la faculté de se connaître elle-même et qu'elle impose à tous les êtres pensants l'idée de sa dignité, de sa liberté, de sa moralité et du respect qui lui est dû. Comment doit-on faire les deux parts de la double action de la force humaine, agissant d'un côté sur le développement de l'industrie, et d'un autre côté sur son propre développement à elle-même, sur son perfectionnement par la culture, sur sa moralisation par l'éducation, l'instruction et la réflexion ? Toute la question sociale est dans la règle de ce partage ; elle y gît toute entière avec sa grandeur et ses contradictions.

L'exposition d'économie sociale à l'Esplanade des Invalides a eu pour but de faire connaître comment se pose ce problème, cent ans après la Révolution de 1789, en nous faisant savoir jusqu'à quel point l'âme humaine se connaît elle-même à l'époque où nous vivons, et les moyens qu'elle a aujourd'hui d'apprécier l'obligation où elle est, d'abandonner à l'industrie la quantité de force motrice qui est indispensable à la production des choses utiles, sans s'épuiser par un excès de collaboration matérielle.

Tous les hommes de cœur cherchent à concilier la contradiction qui apparaît entre cette nécessité première de demander aux travailleurs un large concours pour produire des utilités et cette autre nécessité, non moins impérieuse, de leur laisser les moyens de se constituer une puissante réserve destinée à remplir le premier objet de leur nature, la fin même de l'humanité à laquelle ils appartiennent, qui est de

un tonneau d'or qui jamais ne se vide. Cependant le Trésor public, qu'est-il autre chose que la concentration de l'argent des contribuables? Est-ce que les sommes prises pour soulager les uns ne seraient pas enlevées au patrimoine des autres et veut-on partager les citoyens en deux classes, l'une qui serait imposée et l'autre qui serait secourue ?

On discute en ce moment, devant les Chambres, des questions très séduisantes, mais très peu pratiques ; celle des retraites assurées à tout le monde, par exemple. C'est un projet très généreux, mais qui grèverait nos budgets de 200 ou 300 millions par an, peut-être même davantage, tout en ne fournissant qu'une res-

---

se perfectionner sans cesse et de croître tous les jours en intelligence et en moralité.

De tous les côtés se manifeste, — c'est un des signes de notre temps, — la ferme volonté de chercher un remède à l'excès de l'emploi industriel de la force humaine, et les manifestations de cette volonté sont extrêmement diverses comme le sont nécessairement le développement des intelligences, les mœurs, les besoins et même le climat qui a tant d'action sur les besoins de l'homme.

Le directeur général de l'exploitation de l'Exposition, secondé par son administration et par quelques-unes des personnes qui devaient entrer plus tard dans la commission d'organisation de l'exposition d'économie sociale, a commencé par faire une œuvre de classement afin de déterminer, pour en mieux faire comprendre l'intérêt, les différentes sources de ce qu'il considérait comme des efforts sociaux. Ici, c'est l'énergie individuelle et indépendante des travailleurs eux-mêmes; là, c'est l'action extérieure des patrons qui suscitent ou réveillent l'énergie individuelle, paralysée ou endormie. Plus loin, c'est l'action des pouvoirs publics, qui tantôt respectent et secondent l'effort individuel, et tantôt le méprisent et l'étouffent par une intervention qui exclut la liberté.

source insuffisante à nos vieillards. Je ne sais pas ce qu'il adviendra de ce projet, mais ce qui importe, c'est de ne pas nourrir le peuple d'illusions.

Quelques-uns croient à une sorte de puissance occulte qui fait fructifier l'épargne et qui a nom l'intérêt composé ; avec peu de chose, avec un rien on constitue d'immenses capitaux. Mais l'intérêt composé n'est que le placement de l'épargne au fur et à mesure qu'elle s'accumule.

Deux tendances contraires se combattent d'ailleurs sous nos yeux ; la petite épargne s'accroît et demande à être développée par la composition de l'intérêt et en même temps le taux de l'intérêt tend à diminuer ce qui empêche la capitalisation de produire son effet. Comment concilier ces conditions contraires ? Le problème est des plus ardus ; ce que nous pouvons faire, c'est, sans promettre de résultats fantastiques, encourager la mutualité, c'est favoriser l'essor de sociétés libres d'épargne et de prévoyance. Je dis de sociétés libres, car les dépôts dans les Caisses d'Epargne garanties par l'Etat sont considérables, trop considérables même, et font courir de graves dangers aux finances publiques et il ne faut pas les exagérer.

Les associations libres d'épargne auxquelles je fais allusion sont ces sociétés dites de Fourmis qui se répandent depuis quelques années dans tous les départements et font beaucoup de bien. Mais là encore comme dans toutes les œuvres sociales apparaissent des difficultés qu'on entrevoit déjà et qui seront très visibles quand les Fourmis se seront trop généralisées.

Les Fourmis placent les épargnes de leurs sociétaires en obligations à lots, et la part de chacun des associés se trouve ainsi très souvent, par fortune, notablement accrue. Mais qu'arriverait-il si une Fourmi colossale avait réuni assez d'épargne pour absorber, comme placement, une émission toute entière d'emprunt à lots, ce qui lui ferait gagner tous les lots à coup sûr? Dans ce cas le placement serait mauvais, car la totalité d'un emprunt à lots, intérêt et tirage compris, rapporte toujours moins qu'un emprunt à intérêts sans lots, le lot permettant toujours à celui qui émet le titre, par l'attrait qu'il offre aux petits gens, d'élever sensiblement le cours de la valeur à lots (1).

A la Chambre, je fais partie de la commission des Caisses d'épargne ; mes collègues et moi, nous nous efforçons, pour diminuer la responsabilité de l'Etat, d'exclure désormais des caisses d'épargne tout ce qui n'est pas, à proprement parler, l'épargne en voie de

----

(1) *Extrait du rapport général de M. Léon Say sur l'exposition d'économie sociale* (p. 285).

On est attiré dans l'Association par l'espoir de gagner sa part d'un gros lot. Le sentiment qui invite à l'épargne est donc le goût de la loterie et du jeu. M. de Foville le regrette et il montre, d'ailleurs, combien est peu justifié l'espoir de faire fortune par un lot, quand le placement en valeurs à lots est fait en grand. Il est clair qu'un capitaliste qui achèterait une émission toute entière de valeurs à lots, et qui par conséquent gagnerait tous les lots, n'aurait de son argent qu'un intérêt inférieur à celui qu'il se serait assuré par l'achat de valeurs à simple intérêt. L'Association du type *Fourmi* détruit la chance et convertit les lots en une simple augmentation d'intérêt, répartie sur tous les coupons; or, comme les valeurs à lots se vendent plus cher que les autres, l'augmentation d'intérêt du fait des lots, est annulé par l'augmentation du prix d'achat. Cependant, le mouvement qui est né de ce sentiment, dangereux seulement quand il s'exagère, s'accroît considérablement en France et en Belgique; M. de

formation et nous croyons arriver par là tout à la fois à encourager l'esprit de prévoyance et à diminuer les dangers d'une responsabilité excessive. Une loi rédigée dans cet esprit dont l'excellent rapporteur est M. Aynard est actuellement à l'ordre du jour des Chambres. J'espère que nous pourrons la discuter le mois prochain (1).

Foville est d'avis que, loin de le décourager, il y a lieu de le seconder. La fin lui paraît justifier un moyen qui n'est pas absolument blâmable en soi, mais dont on peut dire qu'il pèche surtout par illusion. Il cite à ce propos la fable de La Fontaine :

> ... Mais le père fut sage
> De leur montrer, avant sa mort,
> Que le travail est un trésor.

Les inventeurs des Fourmis peuvent soutenir avec raison qu'ils ont voulu montrer à leurs adhérents que l'épargne est un trésor. Il leur paraît utile et sage d'en donner le goût en en rendant l'effort attrayant, même au prix d'une illusion. Pour nous, qui succombons sous l'illusion que l'État peut faire le bonheur des citoyens en les prenant sous sa tutelle, nous ne pouvons que gagner en prenant cette nouvelle illusion à la place de l'autre; et l'espoir qu'une loterie nous enrichira vaut bien l'espoir que l'État nous rendra heureux par des lois.

(1) *Extrait du rapport général de M. Léon Say sur l'exposition d'économie sociale* (p. 279).

Les Caisses d'épargne sont des écoles de prévoyance qui apprennent à se restreindre dans le présent au profit de l'avenir, pour les siens ou pour soi. Elles font naître l'occasion, le désir, et enfin comme le besoin, d'exercer une vertu privée et un devoir de famille.

Elles constituent, en outre, par les transformations de petites sommes en capitaux, un instrument de progrès social, au profit des épargnants d'abord, dont elles élèvent la condi-

On ne saurait trop encourager ceux qui veulent épargner ; rien de mieux, mais il faut que le public fasse lui-même la police de ses placements et quand je vois des naïfs volés par de faux banquiers qui leur ont promis des intérêts de 10 p. 100 par mois, je ne puis les plaindre et je dirais presque que c'est bien fait. Nous avons assisté dernièrement à des désastres retentissants. Il en est un surtout qui a frappé de nombreux et souvent très petits capitalistes. Que doit faire le

---

tion, et du pays ensuite, dont elles accroissent les facultés productrices. Il faut donc s'applaudir du développement qu'elles ont pris dans tous les pays : car elles facilitent l'accomplissement d'un double devoir, moral et social.

Mais, en grandissant, elles ont fait naître des difficultés qu'on n'avait pas prévues à l'époque de leur formation. Les finances des États en sont presque partout affectées de diverses façons : d'abord par la garantie de remboursement quand cette garantie a été établie par la loi ; ensuite par l'extension d'attributions de l'État, comme conséquence de la garantie, quand les gouvernements, pour mieux se couvrir, transforment en gestion directe, la surveillance des établissements qu'ils ont garantis et se font ainsi banquiers, concurremment avec le commerce libre ; enfin, par la concentration des épargnes du pays dans des Caisses publiques et la centralisation excessive du crédit qui en résulte et, comme conséquence finale, par l'excitation à l'accroissement de la dette publique pour avoir des valeurs où puissent se placer les économies du peuple.

. . . .

Il faut regarder en face le danger d'une accumulation de milliards dans les Caisses d'épargne, sous la responsabilité de l'État. Si on n'a pas le courage de faire une réforme profonde, on sera entraîné à créer incessamment des valeurs publiques pour absorber les épargnes de la nation, et on portera atteinte, en accroissant les charges du budget et en décourageant l'initiative industrielle et commerciale, aux facultés productrices du pays.

gouvernement en présence de crises pareilles ? Tâcher d'aider les victimes, c'est son devoir, mais il faut qu'il se garde, pour les secourir, de prendre de l'argent à d'autres, sous quelque forme que ce soit.

La pétition des porteurs de Panama vient d'être renvoyée par la Chambre au gouvernement, c'était nécessaire. Il faut toute l'autorité du gouvernement pour assurer à tous que les intérêts en cause seront surveillés de très près et que la justice fera son œuvre impartialement. Mais, je le répète, l'Etat n'a point à rendre aux uns l'argent qu'il lui faudrait demander aux autres ; c'est une maxime constante, conforme à la fois au respect de l'initiative individuelle et à l'intérêt général, que chacun doit être maître de sa personne et de ses biens.

Je suis membre également de la commission chargée de faire un rapport sur le renouvellement du privilège de la Banque de France. Il y a dans la prompte solution de cette question, un intérêt capital pour le Commerce et l'Industrie de la France, dont le crédit, j'ai plaisir à le proclamer, est fondé sur des bases plus inébranlables que dans aucun autre pays du monde. Il n'y a pas en France de ces banques d'Etat comme nous en trouverions facilement dans un pays voisin de cette frontière ou par delà l'Atlantique, dans l'Amérique du Sud, avec laquelle vous avez beaucoup de rapports. Nous voulons que la supériorité française dans cet ordre de choses soit maintenue, et nous comptons pour y arriver sur la prochaine prorogation de ce qu'on appelle le privilège de la Banque de France. Mais là encore des intérêts contradictoires sont en jeu. Les emprunteurs demandent de l'argent à bon marché ; l'Etat cependant ne veut pas que la Banque ne coure des risques qui pourraient porter atteinte au crédit de la France, en même temps qu'à celui de la Banque de France elle-même.

On a voulu mêler à tort la question du crédit agricole à celle de la Banque de France.

Le billet de banque ne peut ici servir ; le billet n'est qu'un emprunt fait à la circulation, il ne crée pas de valeur ; il faut que le porteur soit certain de pouvoir, à tout instant, en obtenir le remboursement en espèces métalliques. Les billets à cours forcé, même appuyés sur les garanties les plus sûres, n'ont jamais pu se maintenir, parce que ce qu'il faut pour garantir un billet de banque, c'est que la contre-partie soit non seulement réelle, mais avant tout réalisable. C'est dire que le billet de banque ne se prête pas à des opérations de longue haleine comme sont les emprunts agricoles.

J'ajoute, qu'on est entré d'ailleurs dans une autre voie qui peut conduire au crédit agricole. Depuis la loi de 1884, nombre de syndicats ont été formés. Il en est qui, par leur caractère même, sont destinés à une courte carrière ; ce sont les syndicats de guerre, que je condamne formellement, car, s'il est bon de s'associer pour se défendre, il est inique de s'entendre pour opprimer les autres. En 1884, à peine songeait-on aux syndicats agricoles, et pourtant ce sont ces sortes de syndicats qui se sont le plus développés. Ils peuvent concourir largement à l'institution d'œuvres de crédit rural.

Vous me pardonnerez de ne vous parler que de questions peu divertissantes, mais vous envoyez vos députés à la Chambre pour traiter les affaires, et les affaires ne sont pas toujours amusantes.

Je suis président d'une sous-commission extra-parlementaire qui a pour objet d'étudier la réforme du régime hypothécaire et la revision du cadastre. Je puis vous assurer que, de ce côté, nous aboutirons d'ici à peu de temps à des solutions nouvelles et dont la nouveauté sera de bon aloi. Notre système hypothécaire est des plus compliqués. Il est presque impossible de savoir avec les hypothèques légales de la femme, des mineurs, etc., si un immeuble est ou non libre et s'il constitue une garantie sérieuse pour les prêts aux propriétaires.

Nous cherchons dans la commission dont je parle, à nous inspirer du système dit de l'*Act Torrens*, qui a donné de si merveilleux résultats dans les colonies anglaises d'Australie et qui fait du titre de propriété quelque chose comme une action de société immobilière. Ce système rencontrera dans notre vieux pays des difficultés que la jeune Australie n'a point offertes, mais le principe en est fécond. C'est un progrès, et je vous déclare que je suis de ceux qui ne se découragent jamais en fait de progrès. Je vais par nature très résolûment de l'avant, mais je me garde de flatter les imaginations par des promesses irréalisables. Ce n'est pas respecter le peuple que de lui faire croire à la réalité de chimères.

Notre stabilité gouvernementale toute imparfaite qu'elle ait été a porté des fruits. Elle a eu des résultats matériels et moraux et elle a fait impression dans le monde. Comment est-il arrivé que tout d'un coup, notre situation en Europe ait changé. De grands États se sont souvenus d'un principe depuis longtemps oublié, celui de l'équilibre européen ; ils ont compris que sans la France, il n'y avait plus d'Europe. Après les chutes retentissantes de Bismarck, de Crispi, après les efforts patients de reconstitution militaire que nous n'avons cessé de faire, une grande nation est venue à nous.

Notre armée et notre marine accrues, nos grandes manœuvres, suivies par toutes les puissances avec un intérêt extraordinaire, imposaient notre pays au respect de tous ; et pourtant, nous ne faisions point de combinaisons secrètes. Quand on est fort, on est plus aimé, voilà un de nos secrets. Lorsque notre flotte parut à Cronstadt conduite par un éminent amiral, on vit le czar, un autocrate peu suspect de sympathie pour la forme républicaine, faire à nos marins un accueil dont le souvenir vibre dans tous les cœurs. Nos vaisseaux ont été reçus ensuite en Angleterre ; la reine Victoria, est venue elle-même, fait rare, leur rendre visite et par une grosse mer elle a passé en revue dans son yacht nos beaux cuirassés de haut bord.

Pourquoi cette confiance nouvelle si ce n'est qu'on a reconnu que nous avions repris possession de nous-mêmes, et que nous nous étions montrés capables de régler nos affaires par des retours très prompts de sagesse quand nous nous étions laissés égarer.

Nous avons pu, tout en écrasant le Boulangisme, étaler aux yeux du monde les merveilles de notre Exposition Universelle. Nous avons reconquis notre place en Europe et l'Europe ne peut plus aujourd'hui se passer de nous. Nous avons fait ainsi la plus glorieuse propagande pour notre République ; je dis notre République, car la forme des autres gouvernements ne nous regarde pas. Après ce que la troisième République Française a montré de grandeur et de stabilité, nul ne pouvait plus distinguer en Europe la France de la République.

Il faut avoir dans les questions étrangères une politique loyale et avouée. Nous n'avons plus besoin, comme il y a un siècle et demi, de faire des pactes de famille. Les

Bourbons avaient fait un pacte de famille avec les Bourbons d'Espagne et d'Italie et c'était un traité secret, mais à cette époque le secret consistait à ne rien dire et à tenir secret, même qu'il y eût un secret. Aujourd'hui notre gouvernement n'a pas de famille avec laquelle il puisse faire un pacte. C'est cependant une politique qu'on a fait revivre ailleurs quoiqu'elle soit une réminiscence du xviiiᵉ siècle. On y a ajouté ce perfectionnement de publier à son de trompe qu'on a un secret. On fait des pactes de famille ; on le proclame et on tient secrètes les clauses du pacte. Nous autres nous pratiquons la méthode des peuples libres et nous croyons que l'avenir est aux politiques loyales. Il y a des gouvernements qui nous en savent gré.

Il faut pourtant que j'aborde la question des tarifs de douanes quoique un certain nombre des électeurs qui m'écoutent ne soient sans doute pas de mon opinion sur ce point. Membre de la Commission des douanes, j'ai remarqué le soin avec lequel ces questions difficiles, souvent arides, ont été étudiées. Les traités de 1860 ont été qualifiés de surprise, même de coup d'Etat économique, je n'y contredis pas et, jeune libre-échangiste et jeune libéral en politique, de ce temps-là, je n'en ai pas encore pris mon parti. L'on n'en pourra dire autant du nouveau tarif des douanes. Il a été l'objet d'enquêtes et d'études approfondies. A mon sens, un tarif général bas est ce qui convient le mieux aux grandes nations modernes ; on ne s'est pas arrêté, chez nous, à ce système ; on a voulu un tarif très éleyé. La conséquence d'un tarif élevé est qu'il faut conclure nécessairement des traités de commerce, car, ayant construit une barrière aussi haute, il faut ouvrir des portes pour communiquer avec le dehors. Il faudra donc, il est impossible qu'il en soit autrement, négocier des traités. Il faudra le faire avec fermeté cela va sans dire et avec prudence.

J'ai combattu la combinaison absolument chimérique du double tarif, l'un maximun et l'autre minimum ; c'est de la théorie ; dans la pratique, il faudra bien s'accommoder selon les cas, de transactions diverses sur des points particuliers.

Au cours de la discussion de la loi de douanes, j'ai eu un reproche très sérieux à faire à mon honorable ami M. Ribot (1), il n'a pas assez parlé ; il eût pu présenter, en diverses circonstances, des considérations de politique générale qui eussent élevé le débat et auraient pu faire réfléchir le Parlement sur l'isolement politique qui suit presque toujours l'isolement économique. Mais il a pris la parole en finissant ; dans un langage excellent, il a revendiqué pour le gouvernement tous les droits que la Constitution lui confère. Seul, en effet, le gouvernement a qualité pour négocier des traités, le Parlement restant libre de les approuver ou de les rejeter.

Dans le tarif qui a été inscrit dans la loi de douane, l'agriculture, on ne peut le dissimuler, a été sacrifiée à l'industrie ; certaines industries déjà très protégées, ont profité de la tendance protectrice générale, pour obtenir des droits plus protecteurs encore que ceux qui les couvraient déjà. Le rêve des auteurs du projet de loi aurait été d'accorder une protection égale à tous les producteurs, mais ce ne pouvait être qu'un rêve ; il y a des industries intéressantes qui vont sûrement souffrir, peut-être mourir, et avec elles souffriront et

____

(1) Voir plus loin le discours que j'ai prononcé dans la séance du 21 décembre 1891.

disparaîtront les nombreux ouvriers qu'elles occupent. Le ministre du commerce, avec beaucoup de vigueur et de courage, a du moins obtenu l'exemption des matières premières. C'est un beau succès dont je le félicite. M. Jules Roche est certainement celui de tous les membres du cabinet que ces débats ont le plus grandi ; j'ai admiré la force de son travail, la lucidité de son exposition en des matières qu'un labeur assidu lui avait rendues familières ; ce n'est pas un ministère banal que celui qui compte parmi ses membres trois véritables hommes d'État, Ribot, Constans et Jules Roche. Beaucoup de cabinets étrangers n'en pourraient compter autant.

Pardon, Messieurs, je m'oublie, mais j'arrive au budget ; vous savez que je suis un ancien sénateur, ce qui fait que je suis habitué à voir le budget arriver toujours trop tard. Dans l'ensemble, notre situation financière est bonne. Les excédents continuent à grossir les recettes.

Je formulerai toutefois une critique très sérieuse : On vote des réformes sans faire le compte de ce qu'elles doivent coûter dans l'avenir ; on s'engage trop, on ne fait jamais le total des factures de tout ce qu'on aura à payer plus tard et c'est une faute très lourde dont les conséquences peuvent être désastreuses. La commission du budget ne peut pas s'occuper de veiller à ces écarts journaliers de législation ; elle est rarement dans la Chambre, elle travaille à l'écart ; les rapporteurs rédigent de trop longs mémoires, qui, je vous assure, ne sont pas tous lus ; je voudrais vous montrer le monceau de rapports entassés dans mon cabinet ; le moindre d'entre eux suffirait sans doute à son auteur pour entrer à l'Académie des Sciences, morales et politiques, mais j'aimerais mieux un rapport plus court ou même un rapport oral, parlé et non écrit.

Je voudrais que le rapporteur défendît ses idées à la tribune sans nous infliger l'embarras de tant de feuilles de papier à mettre dans nos portefeuilles. M. Burdeau avait fait sur l'Algérie un très remarquable rapport ; il a été obligé de le refaire sous forme de discours, car bien peu d'entre nous l'avaient lu en rapport, et malgré le talent de l'écrivain, je préfère encore son discours à son livre. Puis si les discussions de ce genre étaient instituées à la tribune, sans le délai d'un grand nombre de mois que nous fait subir la commission, nous aurions un ordre du jour moins vide pendant les premiers mois et nous échapperions à beaucoup d'interpellations inutiles qui occupent la Chambre oisive tandis que, dans l'ombre, délibère la commission du budget... (1).

---

(1) *Discours sur la méthode du travail de la Commission du Budget.*
(Chambre des Députés, 17 Février 1891.)

Messieurs, avant que le budget de 1892 ait été porté à la connaissance de la Chambre, un certain nombre de mes collègues et moi-même avons pensé qu'il était opportun de demander à la Chambre de modifier dans une certaine mesure sa méthode de travail et de commencer l'examen du budget autrement qu'on ne l'a fait jadis.

Nous avons été, je crois, presque tous frappés de l'impossibilité où nous nous trouvons toujours d'ouvrir une discussion générale utile dans les bureaux. Cette difficulté provient de ce que le ministre des finances n'appartient qu'à un seul bureau. Une discussion générale ne peut avoir d'intérêt qu'à la condition que le principe même du budget, l'idée mère qui a servi à l'établir, puisse être l'objet d'observations contradictoires.

Aussi arrive-t-il très souvent que, dans les bureaux, un

J'ai fini, Messieurs, j'ai dit comment j'entendais la République libérale, modérée, comment je voulais l'apaisement, un apaisement réel fait entre gens loyaux qui ne veulent pas se tromper ; comment je désirais

---

membre fasse des observations très utiles et très sérieuses, mais sur un détail, et il se propose, s'il est nommé commissaire, de porter à l'ordre du jour de la commission du budget la discussion sur tel ou tel crédit fort important, sur tel ou tel système d'impôts non moins important, il est vrai ; mais il n'a ni la prétention ni le pouvoir de formuler un jugement sur le but que se propose le ministre des finances et sur la politique financière dont le budget est l'expression.

Il me semble que, pour parer à cet inconvénient très réel, tout le monde en convient, il y aurait à prendre une résolution analogue à la destruction des cloisons qui séparent les bureaux les uns des autres, afin que les membres de tous les bureaux puissent délibérer ensemble. *(Approbation sur divers bancs.)*

Il serait utile, ce me semble, que la Chambre pût, pour ainsi dire, se former en comité général pour se faire une idée précise de la politique financière renfermée dans le projet du ministre et pour y donner, s'il y a lieu, son assentiment. Lorsque la discussion générale aurait été suffisante, complète même, chacun de nous pourrait se retirer dans son bureau pour procéder à la nomination des commissaires, et là, dans le bureau, on examinerait plus particulièrement les questions de détail que les membres de la Chambre désireraient voir traiter dans la commission du budget.

Nous avons entre les mains, quand nous nous réunissons dans les bureaux pour nommer la commission du budget, le cahier imprimé contenant l'exposé des motifs du projet de budget ; il me semble que nous gagnerions tous beaucoup et que le Gouvernement gagnerait peut-être plus que personne à transformer cet exposé écrit et froid en un exposé vivant et oral comme ceux qui ont fait la gloire de certains ministres de pays voisins. *(Très bien ! très bien ! sur plusieurs bancs.)*

Rien ne serait plus intéressant que de commencer par une

que notre gouvernement eût une politique qui fût suivie avec persévérance. Ce sont des idées très simples que quelques-uns de mes amis et moi avons toujours tenté de faire prévaloir ; nous y avons quelquefois réussi. Je

---

réforme de ce genre, la réforme de notre méthode de travail. N'est-il pas opportun de l'entamer aujourd'hui que nous voyons assis au banc des ministres un ministre des finances qui est passé maître dans l'art d'exposer et qui pourrait venir ici même faire ressortir, avec plus de force que quiconque, l'idée générale du budget qu'il a conçu ? *(Très bien ! très bien ! sur divers bancs.)*

Il n'y a donc dans notre proposition aucune espèce d'intention de provoquer préalablement, par l'adoption de ce système, une discussion d'un caractère politique. Il s'agit d'organiser purement et simplement notre travail.

Il nous semble qu'il est bien difficile que la Chambre se déclare satisfaite de la méthode de travail qu'elle a adoptée jusqu'ici, et qu'il serait temps de revenir à des habitudes anciennes, qui ont eu leur temps en France même, ou d'emprunter à d'autres des procédés souvent suivis à l'étranger.

Le budget tel qu'on le propose à l'étude de la commission doit, dans l'organisation actuelle du travail, manquer nécessairement de fermeté. On dirait, le plus souvent, que c'est une matière de transaction qui est déposée sur le bureau de la Chambre au mois de mars, pour rester ouverte à tous les arrangements jusqu'au mois de novembre ou de décembre de la même année. Il en résulte des lenteurs dans le travail et des difficultés dans les résolutions, dont nous sortons rarement.

C'est pour toutes ces raisons que j'insiste auprès de vous, messieurs, et que je vous demande d'adopter la résolution dont M. le Président vient de vous donner lecture. *(Très bien ! très bien ! sur divers bancs.)*

M. LE PRÉSIDENT. La parole est à M. le ministre des finances.

....
....

M. LÉON SAY. M. le ministre des finances a eu parfaitement

suis optimiste, je le déclare ; non par jactance, mais parce que j'ai beaucoup réfléchi, croyez-le. Ce n'est pas faire preuve de légèreté que se montrer optimiste quand on a eu sous les yeux et qu'on a étudié d'un peu près

---

raison de restreindre le champ de la discussion de la proposition qu'un certain nombre de mes collègues et moi avons déposée sur le bureau de la Chambre. Je ne suis pas aussi radical que mon honorable collègue M. de Douville-Maillefeu, et comme je n'ai pas la prétention d'être un artiste, je crois avoir le droit de rester modéré. *(Très bien ! très bien ! et sourires au centre.)*

L'obstacle que nous avons de la peine à surmonter consiste dans la difficulté que toujours on rencontre quand on invite la Chambre à considérer avant tout que le budget est et doit être l'expression d'une politique financière. C'est l'indication de cette politique financière qu'il importe de pouvoir dégager dans une discussion générale.

A quel moment est-il possible de le faire? On le peut certainement dans la discussion générale, après le dépôt du rapport de la commission du budget; mais il est quelquefois très tard, trop tard. On a commencé à s'habituer pendant de longs mois à ne pas voir dans le budget le signe d'une politique financière. Pour rompre cette mauvaise habitude il faut demander au ministre de présenter à la Chambre, à cette tribune, un exposé oral. Il n'y a rien de tel qu'un exposé oral pour bien faire comprendre à une grande Assemblée quelle est la politique financière qu'on entend suivre. *(Très bien ! très bien ! sur divers bancs.)*

M. le Ministre objecte que quelques membres de cette Chambre, après avoir entendu cet exposé, ne manqueraient pas de proposer, comme sanction de la discussion qui aurait suivi l'exposé du ministre, le vote d'une formule plus ou moins vague, n'entraînant pas une grande responsabilité pour celui qui l'aurait déposée sur le bureau en séance générale.

Si pareil fait se réalisait, il serait la preuve que M. le ministre aurait bien mal compris le sens qu'il devait donner à son discours oral ; ce serait la preuve qu'il n'aurait pas su —

les hommes et les choses de notre temps. Hommes et choses peuvent avoir des côtés obscurs, mais il faut bien reconnaître que nous sommes au milieu d'un courant historique qui ne nous conduit pas à un état de décadence. Le progrès est devant nous.

Cependant ne devenons pas fatalistes, ne nous endor-

---

et c'eût été rarement le cas avec les ministères que nous avons vus jusqu'à ce jour se succéder sur ces bancs — dégager l'idée mère de son projet.

N'avons-nous pas vu l'année dernière ce que c'était qu'un budget fondé sur une idée générale, supérieure à toutes les questions de détail, quelle qu'en puisse être l'importance, idée qu'on s'était efforcé de mener à bien dans les différents articles de la loi de finances et les chapitres des tableaux des dépenses.

Il s'agissait de faire comprendre au pays l'idée d'un budget d'incorporation, la valeur et les avantages de l'unité du budget. C'était une réforme considérable, dont l'intérêt primait tout le reste.

M. le ministre nous a dit : mais si le budget de l'année dernière avait été soumis, dès le moment de son dépôt, à une discussion générale, il aurait succombé sur l'heure.

Comment ! il aurait succombé sur l'heure ! Pourquoi le supposez-vous ? M. le ministre ne s'est-il pas expliqué sur ce point. Est-ce que l'action que vous reconnaissez avoir exercée sur la commission du budget, vous n'auriez pas pu l'exercer aussi bien sur la Chambre elle-même ? Est-ce que nous ne sommes pas tous disposés à entrer dans des vues générales ? Est-ce que nous n'aurions pas compris qu'il existe des questions d'un ordre si élevé qu'il faut s'en préoccuper et s'en occuper avant les autres, avant les questions que l'on peut considérer comme étant d'un ordre plus secondaire ?

Et si un ministre venait nous dire dans quelques jours : Vous avez fondé le budget de l'année précédente sur une idée générale, vous avez approuvé une politique financière dont j'ai déposé la semence dans le budget que je vous ai demandé d'adopter pour l'exercice 1891, et aujourd'hui je vous

mons pas. La République n'est pas un talisman qui réponde à tout; soyons sans cesse au gouvernail, debout, éveillés, ne perdons jamais de vue que nous nous devons à la patrie avant tout. Ne soyons pas égoïstes, ne plaçons nos intérêts particuliers qu'au second rang,

---

demande de faire produire des fruits à cette politique financière que vous avez acceptée. — J'imagine que le budget déposé cette année sera fondé sur une idée analogue, — si M. le Ministre nous faisait comprendre dans son exposé oral comment la politique financière qu'on a appelée la politique de l'incorporation a pu déjà porter des fruits, et quels autres fruits elle pourrait porter encore si on la développait, croyez-vous que nous resterions insensibles à des observations de cette nature ?

Et si quelques-uns d'entre nous faisaient des observations au ministre pour obtenir des éclaircissements, afin de mieux comprendre son idée, si nous avions ainsi une discussion suggestive, différente, parce qu'elle serait plus élevée, de celle qui aurait eu lieu dans les bureaux, croyez-vous que la prolongation de cette discussion préalable n'aurait pas pour avantage de rendre la discussion générale qui aura lieu ensuite beaucoup plus claire, moins confuse, et par conséquent moins longue que si elle avait été reculée à une date éloignée, quand on aurait déjà de bien des côtés des partis pris ?

Un grand nombre de nos collègues, après avoir assisté à la dernière discussion du budget, discussion très intéressante cependant, n'ont-ils pas reconnu qu'il s'était produit bien des confusions, qu'on était revenu à différentes reprises sur des idées qui n'avaient pas pu être dégagées parce qu'elles n'avaient pas été suffisamment éclaircies auparavant ? Et si le terrain avait été quelque peu déblayé par un débat préalable, semblable à celui que je désire instituer, croyez-vous que la discussion du budget n'eût pas été plus nette et plus rapide ?

Ce que vous appelez une perte de temps deviendrait au contraire un bénéfice. Quinze jours passés à l'étude de l'ex-

après celui de la France. Quant à moi, je le proclame, jamais je ne défendrai des intérêts particuliers, pas même les vôtres mes chers électeurs, quand je les verrai contraires aux intérêts supérieurs de mon pays.

---

posé des motifs et cinq ou six séances consacrées à un examen public avanceraient considérablement la besogne.

Tel est le résultat que je poursuis, sans chercher, croyez-le bien, à accumuler crise ministérielle sur crise ministérielle.

Pour ma part, il me semble que j'ai beaucoup à redouter de toute crise ministérielle. Je ne puis pas désirer autre chose que le maintien du cabinet actuel et, s'il ne me donne pas toute satisfaction, je suis bien obligé de me demander si le cabinet qui le remplacerait ne m'en donnerait pas moins encore. *(Très bien ! — On rit.)* Par conséquent, à mon point de vue personnel, moi qui ai souvent le malheur d'être le doyen d'âge dans les réunions des bureaux et qui n'ai aucune prétention, et aussi au point de vue des opinions de mes collègues du centre, nous ne pouvons que nous déclarer absolument désintéressés dans la question des crises ministérielles. Est-ce que nous ne sommes pas d'avis de donner au pays un repos complet, afin de lui permettre de s'occuper des questions importantes qui sont posées devant lui et qu'il est urgent de résoudre ?

Il n'y a aucune arrière-pensée dans notre proposition : il n'y a qu'une méthode de travail, et s'il y a quelque chose de plus, c'est, je ne crains pas de le dire, cette grande pensée, que nous devons tous nous efforcer de faire pénétrer dans le pays, que le budget doit être l'expression d'une politique financière à laquelle le Gouvernement doit nous proposer de rester fidèles.

Telles sont les raisons pour lesquelles je vous demande d'adopter la résolution que nous avons déposée. *(Très bien ! très bien ! sur divers bancs.)*

DISCOURS DE M. LÉON SAY A NAY

M. Léon Say a prononcé le jeudi 14 janvier dernier, à Nay, un discours où il a traité d'abord la question de l'apaisement en reproduisant sous une autre forme les considérations qu'il avait développées dans son discours de Pau. Il s'est étendu, en finissant, sur l'état des relations commerciales de la France et de l'Espagne, si troublées depuis le vote des tarifs élevés, par les Parlements des deux Pays.

Une des conséquences, a-t-il dit, du changement économique introduit par la loi de douanes dans nos rapports internationaux doit attirer et a déjà attiré toute votre attention.

Nous en sommes arrivés à craindre qu'il n'éclate une guerre de tarifs entre la France et l'Espagne. Les Chambres françaises ont voté, vous le savez, deux tarifs de douane, l'un dit maximum et l'autre minimum. Le premier est prohibitif, le second n'est qu'excessif. Les vins espagnols, si un accord n'intervient pas d'ici à peu de temps, seront frappés à leur entrée en France d'un droit de 1 fr. 20 c. par degré d'alcool jusqu'à 11 degrés ; une surtaxe sera perçue par degré au-dessus de cette limite et cette surtaxe sera égale au droit d'accise de consommation de l'alcool chez nous, soit 156 fr. par hectolitre d'alcool pur.

Si un accord intervient, tout en respectant les conditions générales déterminées par la loi, c'est-à-dire sans descendre au-dessous du tarif appelé minimum, alors, mais alors seulement, le droit sera abaissé à 70 cent. par degré jusqu'à 11 degrés, soit à 7 fr. 70 l'hectolitre, et la surtaxe pour les degrés supplémentaires sera toujours de 1 fr. 56 par degré. Ce tarif, quoique abaissé, est encore exorbitant et, s'il n'est pas aussi absolument prohibitif que le tarif maximum, il est incompatible cependant avec la continuation, même réduite, de nos rapports antérieurs. Le commerce international sera très rudement frappé.

De son côté, l'Espagne, par un esprit de représailles tout à fait exagéré, a relevé, avant même que le nouveau tarif français ne devint applicable, les droits d'entrée en Espagne sur les mules françaises, et ce relèvement s'est produit dans une proportion tout à fait extraordinaire. D'autres tarifs dirigés contre l'industrie française vont être, en outre, mis en vigueur au 1er février prochain, si les négociations ouvertes entre les deux pays n'aboutissent pas à une entente ; nous devons tous désirer avec ardeur qu'elles aboutissent.

Au moment où les hauts droits français vont entrer en vigueur et où les droits espagnols sont déjà en partie appliqués, c'est-à-dire depuis une quinzaine de jours, il se produit un trouble profond dans le cours du change espagnol, et ce trouble vous touche non moins sévèrement que le nouveau régime douanier ne le fait et ne le fera dans un mois.

Le change et les tarifs douaniers doivent être, ne le perdez pas de vue, l'objet de toutes vos préoccupations, comme ils l'ont été des miennes pendant la discussion de la loi de douane et comme ils le sont encore de nous tous aujourd'hui à l'heure même où la diplomatie avec beaucoup d'activité et de bonne volonté, tout au moins de notre côté, cherche les moyens d'amener une entente à l'effet de prévenir la guerre de tarifs.

Vous savez quelle est la situation du change. Les pièces espagnoles perdent de 13 à 15 % de leur valeur. Vos cantons sont inondés de piécettes et de sous espagnols, qui ne sont plus que de la fausse monnaie et qui, lorsqu'ils sont reçus par vous en payement de quelque vente ou en récompense de quelque service, ne peuvent être utilisés à payer ni vos contributions chez le percepteur, ni les achats courants que vous faites chez vos fournisseurs. L'Espagne essaye de faire pénétrer sa mauvaise monnaie de ce côté-ci des Pyrénées ; il y a eu, dit-on, des tonnelets de sous espagnols auxquels on a fait franchir nos montagnes, et peut-être essayera-t-on de développer ce mauvais trafic.

Si vous vendez vos produits en Espagne, vous sentez bien vite que recevoir en échange de ce que vous livrez un rouleau de pièces dépréciées, c'est recevoir en réalité un prix moindre que celui sur lequel vous pouviez légitimement compter ; vous êtes donc frappés des deux côtés à la fois, par devant et par derrière, comme on dit. Vous ne pouvez vendre à leur valeur ce que vous envoyez en Espagne, parce que vos acheteurs déduisent de vos factures les droits exorbitants de la douane espagnole et les portent à votre compte, et vous ne recevez pas, pour le prix déjà tant abaissé que vous subissez, la somme entière qui vous est due en conscience. On vous paye comme en monnaie rognée ou en fausse monnaie.

Ce mal est dû à la mauvaise administration des finances espagnoles et à l'indifférence avec laquelle les hommes d'Etat qui gouvernent de l'autre côté de la frontière se précipitent tête baissée dans le gouffre du papier-monnaie.

Et pourtant cette dépréciation de la monnaie ne fait pas de tort aux Français seulement, les Espagnols en souffrent et en souffriront les premiers et plus que nous. Si la perte de valeur de la monnaie s'accentue encore, si les billets de la banque d'Espagne inondent les provinces Espagnoles de l'autre côté des Pyrénées, comme la petite monnaie Espagnole nous inonde de ce côté-ci de la montagne, on pourra dire de l'Espagne qu'elle est sur la route des assignats. Quand une banque d'Etat ne rembourse plus à tous venants ses billets avec une monnaie qui garde partout sa valeur, à l'extérieur comme à l'intérieur, on peut dire des billets de banque qu'ils sont devenus des papiers-monnaie. Or, le papier-monnaie, personne ne l'ignore, est la première forme des assignats. Vos grands-pères vous ont peut-être raconté que du temps des assignats en France tout était si cher, qu'on ne pouvait plus vivre que de ce qu'on produisait soi-même sur son bien ; on ne pouvait rien acheter.

J'ai retrouvé, l'autre jour, dans la bibliothèque de mon grand-père, un vieux livre imprimé en 1795 ; c'était un de ces catalogues de livres comme on en publie encore aujourd'hui quand on met en vente aux enchères sa bibliothèque. Un amateur de cette époque avait, au cours de la vente, écrit à la plume sur les marges de ce livre devenu vieux, les prix auxquels montaient les livres vendus. Une bible avait été achetée 9.000 fr.; les Évangiles, 4.150 fr.; un Bréviaire romain, 1.120 fr.

L'Espagne, heureusement pour elle et pour vous qui avez des piécettes et des sous dans la poche, n'en est pas encore arrivée là. Il y a des hommes d'État à Madrid qui ont fait des questions monétaires une étude approfondie. Ils ne se laisseront pas entraîner ; ils empêcheront le billet de banque de dégénérer en papier-monnaie et le papier-monnaie de se transformer en assignats.

Il est cependant bien temps pour eux de s'en préoccuper, car, si les relations commerciales étaient rompues entre les deux pays, si les vins d'Espagne ne pouvaient plus entrer en France, si vos mules ne pouvaient plus, par contre, être vendues aux Espagnols, si ce n'est à vil prix, ce qui amènerait la cessation de toutes vos ventes, c'est pour le coup que le change, déjà si malade, monterait encore et qu'au lieu de 14 à 15 %. on le verrait aller jusqu'à 20 et 30 %. de perte. Vos piécettes ne vaudraient plus que 14 sous.

Il est donc urgent que les deux pays s'entendent. Cela ne serait pas difficile si on était raisonnable des deux parts. Malheureusement l'Espagne a encore avec l'Angleterre pour six mois une situation de faveur qu'elle ne peut nous donner, car ce serait tout abandonner à notre profit, sans recevoir de la France autre chose que le tarif qu'on appelle minimum et qui est absolument absurde en ce qui concerne les vins.

Si l'Espagne produisait des vins à 10 et 11 degrés, le tarif serait peut-être bien acceptable. Elle payerait 7 fr. 70 c. de droit par hectolitre de vin, ce qui est beaucoup ; mais elle s'en tirerait en vendant plus cher aux consommateurs français, soit 2 ou 3 fr. de plus et en se résignant à perdre la différence, c'est-à-dire en recevant 5 ou 6 fr. de moins. Mais vous savez bien que, dans l'Aragon et la Navarre, le soleil d'Espagne pousse les vins jusqu'à 13 et 14 degrés, ce qui dépasse la limite de la douane française ; nous mettons à l'amende le soleil d'Espagne de 30 sous par degré en sus.

. Pour que nous puissions nous entendre, il faudrait non pas, peut-être, que la France changeât les droits, mais qu'elle acceptât d'abord une limite de force plus élevée, 13 ou 14 degrés par exemple et se contentât de 70 cent. par degré. Ce serait justice si les Espagnols n'en profitaient pas pour remonter leurs vins avec des alcools allemands ; mais ne pourrait-on pas s'entendre sur les alcools allemands ? Les Espagnols sont tout prêts à les frapper d'un droit à peu près prohibitif, assez élevé en tous cas pour qu'on ne puisse plus aviner avec ces alcools allemands les vins produits naturellement de l'autre côté des Pyrénées. Ajoutez à cela que l'Espagne devrait abandonner les droits dont sont frappées vos mules à leur entrée chez elle, et vous trouverez sans doute que le terrain de la transaction apparait comme un terrain suffisamment préparé.

Ce terrain serait en effet un bon terrain, et la méthode à pratiquer pour arriver à une entente diplomatique serait dans cette hypothèse très facile à imaginer. On pourrait imiter ce qu'on essaye en ce moment pour arranger le différend douanier des États-Unis et de la France.

Au moment où je vous parle, des négociations d'un caractère très limité sont, en effet, engagées entre les États-Unis et la France. Le fameux bill Mac Kinley, du nom de l'apôtre américain des droits protecteurs, permet au Président des Etats-Unis, sans qu'il ait besoin de recourir au Congrès, de frapper de droits surélevés les produits des nations qui traitent l'Amérique moins bien que ne le font les autres pays.

Pour éviter de subir cette surélévation, l'Allemagne s'est empressée de signer avec les États-Unis un traité qui lui assure des avantages pour quelques articles de son industrie. Le fait même de cet arrangement passé avec l'Allemagne allait nous faire tomber sous l'application du tarif de guerre, parce que nous aurions été moins favorables à l'industrie américaine que les Allemands. C'est alors qu'on a imaginé de faire entre nous et l'Amérique un arrangement restreint mais suffisant pour nous sauver de la surtaxe Mac Kinley. On a calculé qu'il se trouvait des produits français, peaux et sucres, dont l'exportation était intéressante pour nous jusqu'à concurrence d'une valeur de 12 à 15 millions de francs. On a, dès lors, mis comme dans une balance 12 à 15 millions de produits français à exporter aux États-Unis et 12 à 15 millions de produits américains à importer en France, et cette petite balance commerciale, mise à part de la grande balance de tout le reste, fait en ce moment l'objet d'un accord diplomatique. Être d'accord sur ces détails nous soustrait pour tout le reste aux inconvénients des tarifs de guerre qui nous auraient sans cela été appliqués.

Notre ambassadeur en Espagne est un diplomate de premier ordre. Il était justement notre ministre aux États-Unis l'année dernière. Il sait les choses des États-Unis et, par conséquent, il est tout préparé à user du procédé américain dont je vous parle. Dieu veuille qu'il réussisse !

Pourra-t-il y arriver avant la date du 1ᵉʳ février ? Je l'ignore. Le ministre des affaires étrangères de notre pays, qui est circonspect, pourra-t-il engager sa responsabilité, pour ainsi dire à découvert ; si les Chambres entrent en vacances et ne se trouvent pas en session à la fin de ce mois, le ministre pourra-t-il, par la simple promesse de présenter une loi aux Chambres, obtenir en échange un traitement meilleur pour nos produits à exporter en Espagne ? Il faut bien l'espérer. Ce pourrait être ce qu'on appelle un *modus videndi* pour attendre quelques temps.

J'ai toujours prétendu qu'on avait perdu bien des jours et même des mois et qu'il aurait fallu prévoir les difficultés du 1er février dès le mois de juillet et tout au moins avant la fin de l'année passée. Je ne sais pas ce. que l'imprévoyance de la majorité protectionniste du Parlement nous réserve, car cette imprévoyance a été manifeste jusqu'ici, mais je suis très décidé à défendre vos intérêts dans cette affaire, avec persévérance, car vos intérêts dans nos relations avec l'Espagne me paraissent conformes à l'intérêt général du pays.

Après quelques paroles pour conclure, analogues pour le fond, sinon pour la forme à celles qu'il avait prononcées la veille au théâtre de Pau, M. Léon Say a levé la séance et la réunion de Nay s'est séparée en donnant des marques très vives de sa satisfaction.

DISCOURS

prononcé par M. LÉON SAY le 29 Juin 1890

A LA

DIXIÈME FÊTE DE L'ENFANCE OUVRIÈRE

(Société de Protection des Apprentis et des Enfants employés dans les Manufactures)

(Voir page 13)

MES ENFANTS,

MESDAMES ET MESSIEURS,

Vous savez que, nous avons, tous les deux ans, quand nous célébrons la fête de l'Enfance ouvrière, l'heureuse habitude de vous raconter l'histoire de notre vie depuis la dernière fois que nous nous sommes rencontrés. Notre Secrétaire général, M. Léon Renault ne manquera pas à ce devoir. Je ne pourrais pas aussi bien qu'il le fera lui-même vous raconter les choses intéressantes de notre existence et il ne peut entrer dans mon programme de vous montrer quel a été, après vingt-cinq ans, le résultat des efforts qu'a faits notre Société ; je voudrais cependant vous rappeler deux événements qui se sont produits depuis la réunion de 1888. Le premier, c'est la part que la Société a prise à la grande Exposition universelle de 1889. Pour la première fois, cette Exposition comprenait un groupe, le dixième, qui, associé aux autres groupes industriels, portait le nom d'Economie sociale. C'était une entre-

prise qui pouvait paraître hardie que de faire figurer à
une Exposition les efforts pour le bien, les efforts qu'avaient
faits ou que faisaient tous les jours pour améliorer le sort
des déshérités de la fortune, d'abord les ouvriers, de leur
propre initiative, puis les patrons, et aussi les patrons et
ouvriers réunis et les sociétés de secours mutuels, de retraite
ou d'épargne, enfin l'État par son intervention et les lois
par leurs prescriptions. On se demandait comment il était
possible d'exposer des efforts qui n'ont rien de tangible,
qui ne peuvent pas être présentés sous une forme que l'on
puisse toucher et voir.

Je crois que les organisateurs de l'Exposition ont réussi
à vaincre cette difficulté. Les sociétés, les organisateurs ou
promoteurs des institutions patronales et ouvrières, les
administrations publiques, les publicistes qui se sont occupés des questions sociales, ont réuni sur l'Esplanade des
Invalides, dans des galeries ou des espaces qui étaient très
rapprochés de l'hôtel des Invalides, des modèles, des reliefs,
des tableaux, des graphiques, des indications de tout
ordre, qui ont permis aux personnes qui passaient par là,
sans bien savoir où elles portaient leurs pas, de voir très
vite, en un quart d'heure, une demi-heure ou une heure,
qu'il y avait des gens qui se préoccupaient de ces matières
et qui s'en étaient occupés très heureusement et très fruc-
tueusement. Je crois qu'on avait établi ainsi une sorte
d'école qui a porté ses fruits en instruisant bien des gens
et que le mouvement que nous avons fait naître dans
l'esprit de beaucoup de personnes n'a pas été fugitif ; il
durera, car on a pu montrer dans cette Exposition non
seulement les efforts français, mais aussi les efforts
étrangers, ce qui a permis de comparer ce qui s'était
fait chez nous avec ce qui se faisait dans les pays voisins.
Notre Société a figuré dans cette Exposition et, dans un
pavillon qu'on appelait le pavillon des Villes, nous avons
pu placer notre petit monument. C'était un grand panneau
surmonté du buste de notre fondateur Jean-Baptiste

Dumas, avec, en exergue, le titre de la loi de 1874 ; car nous sommes, comme vous le savez, les auxiliaires de ceux qui appliquent cette loi ; ce panneau divisé en trois parties comprenait trois tableaux sur lesquels l'histoire de notre Société se trouvait résumée, et dans le bas, dans une vitrine qui formait un petit buffet avancé, nous avions déposé la collection de nos Bulletins, collection qui contient déjà vingt-deux numéros. C'est avec une grande satisfaction que nous avons fait, à M. le Président de la République, les honneurs de notre panneau quand il est venu visiter l'exposition d'Économie sociale. Pendant le temps assez long qu'il s'est arrêté devant notre exposition, nous avons pu lui expliquer sur sa demande les différentes indications qui figuraient dans nos tableaux. Il nous a félicités. J'ai eu l'honneur de conduire également devant notre exposition les membres du Jury, dont j'étais le président ; je me suis naturellement effacé, et le Jury en toute impartialité et en toute sécurité a pu apprécier nos efforts ; vous pourrez lire, dans le rapport qui sera bientôt publié, de notre confrère et ami M. Charles Lucas, que j'aperçois non loin de moi, à quel point les efforts de la Société ont été appréciés : nous avons reçu le Grand Prix, le seul grand prix qui ait été distribué dans la section IV de l'apprentissage. N'est-ce point là un fait qu'il était fort intéressant de noter ? La participation que nous avons prise à l'Exposition du Centenaire de 1789 nous honore et nous la ferons figurer à son rang avec honneur dans nos Annales.

Dans cette même année 1889, nous avons participé au Congrès des accidents de fabrique. Ce Congrès avait réuni à l'École de Droit, dans un local voisin, un très grand nombre d'étrangers et de Français s'occupant avec une passion bien naturelle de la protection à donner, dans les fabriques et dans les usines, aux ouvriers de tous âges, aux jeunes comme aux adultes. Dans cette discussion qui a duré assez longtemps, qui a été très nourrie, et qui a donné lieu, après la clôture du Congrès, à une publication fort intéressante, nos représentants ont pris une part et une part très importante. Vous savez que, parmi nos comités, il en est un qui s'occupe des accidents de fabrique, car s'il faut prendre des précautions contre les accidents qui peuvent atteindre les hommes et les femmes, il faut en prendre de bien plus grandes encore quand il s'agit d'enfants ayant la légèreté de leur âge, et se précipitant quelquefois sans réfléchir dans des couloirs au bout desquels ils trouvent parfois le trou béant de quelque monte-charge. On a beaucoup réfléchi sur toute une série, que vous connaissez, de précautions à prendre dans le maniement de certains outils et surtout de ces terribles scies qui ont causé tant de malheurs. Il y a eu de très grands progrès réalisés depuis un certain nombre d'années dans cet ordre d'idées. Nous pouvons dire que notre Société, représentée par son comité spécial, a une grande part dans ces progrès. Notre initiative privée, en dehors de toute prescription législative, a certainement porté ses fruits. N'avons-nous pas admiré l'action de l'initiative privée qui s'est exercée en Alsace, par notre cher et ancien confrère Engel-Dollfus, et par les Sociétés qu'il a fondées ? N'avons-nous pas aussi constaté non loin de nous, en France, à Lille, à Rouen, une heureuse initiative qui ne s'est pas démentie et qui produit encore beaucoup de bien ? Un homme que nous aimions beaucoup, M. Muller, nous a été enlevé, il est mort cette année. Il avait réuni dans une grande Société d'initiative privée les efforts de nos amis du Nord et de l'Ouest.

Tout ce bien qui a été fait dans le passé pourra encore se faire dans l'avenir. Nous y comptons bien et pourtant, je dois le dire, je ne suis pas sans inquiétudes. Ce bien que nous avons fait l'a été par notre initiative, par l'initiative des patrons ; j'ai peur qu'on ne se fie plus assez à l'initiative individuelle, et qu'on ne se laisse aller à ce que je pourrais appeler des excès de législation qui endormiraient l'action privée. Il faut se rappeler le mal qu'a fait en Angleterre dans un ordre d'idées analogues, la loi des pauvres ; il arrivait ordinairement quand un pauvre s'adressait, dans une paroisse, à quelque homme riche, que ce riche le repoussait en lui disant : « Je paie la taxe des pauvres, c'est la paroisse qui est chargée des pauvres, allez à la paroisse, cela ne me regarde pas. » Quand l'État se charge de tout, l'initiative privée s'endort, c'est un fait constant ; l'histoire est là pour en témoigner : c'est pour cette raison que nous craignons les excès de législation. Nous voudrions que les précautions dont on parle et qu'il est si nécessaire de prendre, car il faut protéger les ouvriers et surtout l'enfant contre le mauvais air des ateliers, contre les dangers qui peuvent survenir dans l'emploi des outils industriels, nous voudrions, dis-je, que ces précautions si nécessaires, on demandât d'abord à l'initiative privée de les réaliser. Nous avons été heureux de contribuer à l'application de la loi de 1874 ; nous avons été heureux de vivre dans une parfaite harmonie avec les inspecteurs de la loi de 1874 ; nous avons été heureux de voir qu'il nous a été donné à eux et à nous de persuader peu à peu les patrons qui n'étaient pas d'abord sans inquiétude, à cause des dépenses où on les entraînait. Ils ont compris que c'était non seulement de leur devoir, mais aussi de leur intérêt, de poursuivre l'étude des améliorations de l'outillage afin de le rendre moins dangereux. Ce que nous craignons, c'est que la loi n'aille trop loin. Il est bientôt dit qu'on fermera tels ateliers, qu'on interdira telle profession, tel métier, telles occupations aux femmes et aux enfants. En leur fermant ces ateliers, il faut qu'on sache qu'on leur enlèvera des moyens d'existence. Il est très aisé de dire qu'il ne faut pas se livrer à telle occupation à cause de son insalubrité supposée, et cependant est-ce une façon d'avoir de la santé que de mourir de faim ?

On rencontre à chaque instant, quand on réfléchit sur ces objets si intéressants, des contradictions extraordinaires. Il faut toujours songer au mal qu'on fait d'un côté quand on fait du bien d'un autre côté. Aussi avons-nous donné cette année une activité plus intense que jamais à notre Comité des accidents ; nous demandons que la loi ne soit pas muette, mais nous voulons que son action soit assez discrète pour ne pas endormir cette initiative individuelle dont aucun de nous ne peut se passer et qu'il est si nécessaire de susciter pour obtenir des résultats durables. N'avons-nous pas obtenu déjà des résultats sérieux, et ne peut-on pas dire qu'Engel Dollfus laissera un grand nom dans l'histoire de l'industrie par les perfectionnements qu'il a obtenus et que l'on peut, ce n'est pas une figure de rhétorique, toucher au doigt et les toucher sans danger ? Ce qu'a fait l'initiative privée est le garant de ce qu'elle pourra faire encore.

Nous croyons, nous, que ce qu'il est bon de faire c'est de fermer les ateliers aux dangers, plutôt que de fermer les ateliers aux travailleurs. Lorsque nous aurons pu perfectionner telle industrie installée auparavant dans des conditions malsaines ou dangereuses, nous aurons ouvert une carrière à des travailleurs qui auront besoin d'ouvrage. Ce que nous cherchons, c'est du travail pour nos enfants après qu'ils sont sortis de l'apprentissage ; nous ne voulons pas leur fermer des voies, nous voulons au contraire leur en ouvrir de nouvelles. Aussi avons-nous été heureux de pouvoir, comme nous l'avons fait, d'ailleurs, les autres années, affirmer notre considération et notre estime, en décernant des récompenses à un certain nombre de savants réfléchis et ingénieurs qui ont perfectionné l'outillage ou les méthodes de l'industrie.

Votre Secrétaire, M. Durassier, me faisait remarquer l'autre jour, lui qui connaît si bien les questions de mines, que la production houillère de la France était très inférieure à sa consommation ; nous avons cependant beaucoup de houillères à exploiter, mais leur exploitation est dangereuse... que faut-il faire ? Faut-il en chasser les femmes et les jeunes gens, ou ne convient-il pas plutôt de chercher les moyens de rendre cette exploitation moins dangereuse ? Les hommes de bien et de science auxquels nous faisons allusion s'efforcent de rendre l'exploitation des mines plus sûre, et aussi est-ce avec une grande satisfaction que nous pourrons dans cette séance offrir une médaille de vermeil et une mention spéciale de reconnaissance à M. Fayol, directeur général de la Société de Commentry-Fourchambault, pour les services signalés qu'il a rendus à l'art des mines au point de vue de la sécurité du personnel, par l'extinction des incendies souterrains au moyen de l'embouage. Il a inventé un appareil simple et pratique pour rendre sans danger la circulation des ouvriers dans les milieux irrespirables. Nous avons aussi accordé une médaille de vermeil avec mention spéciale de reconnaissance également (on ne saurait avoir trop de reconnaissance pour ces bienfaiteurs de l'humanité et de la jeunesse ouvrière) à M. Reumaux, ingénieur en chef des houillères de Lens (Pas-de-Calais), inventeur d'appareils de sécurité remarquables dans le service des puits d'extraction : évite-molettes, clichage conjugué du jour et du fond, etc., et aussi à M. Mathet, ingénieur en chef des houillères de Blanzy : introduction de l'air comprimé dans les mines grisouteuses. M. Mathet a pu, par un aérage très bien combiné, rendre le grisou moins dangereux en le diluant dans l'air qu'il introduit dans la mine. Il se fait là près de nous des efforts heureux que nous devons honorer et récompenser, et ces efforts ont pour but non pas de chasser les ouvriers et les jeunes ouvriers de certains ateliers, mais de chasser le danger de ces ateliers mêmes.

Il y a, je le sais bien, d'autres considérations, certaines considérations morales et qu'on peut appeler de décence publique, qui rendent difficile, quelquefois tout à fait impossible pour des femmes de s'occuper de certains ouvrages. Nous avons eu dernièrement un exemple bien curieux d'une sorte d'excès commis en Angleterre par des dispositions d'excessive restriction touchant le travail des femmes sur le dehors des mines au jour. Il s'agissait de femmes occupées au triage du charbon. C'est un travail assez pénible. Les femmes anglaises qui s'y livraient étaient des femmes très fortes, très capables de supporter la peine qu'elles avaient à se donner; leur travail était non seulement pénible, mais fort salissant et elles avaient adopté pour l'exécuter un certain costume, un costume analogue à celui que vous avez pu voir sur le dos des pêcheurs allant à la mer avec des espèces de casques ou de chapeaux en cuir, veste de grosse toile ou de cuir et larges culottes du même genre. Le Gouvernement s'est avisé de demander au Parlement d'interdire ce genre de travail aux femmes, parce qu'il était contraire à la décence. Les femmes dont il s'agissait sont venues en députation, au nombre d'une soixantaine, au ministère de l'intérieur. Elles avaient revêtu leur costume, et elles ont dit au ministre: « Regardez-nous; sommes-nous inconvenantes? Nous sommes de braves mères de famille, nous travaillons tant que nous pouvons; notre santé est bonne, nous avons un costume approprié au travail que nous faisons. Laissez-nous gagner notre vie et celle de nos enfants. » On ne les a pas écoutées. Un *bill* du Parlement leur a interdit ce genre de travail. Voilà des femmes qui se sont trouvées privées de ressources, et qui ont dû chercher du travail ailleurs. N'est-ce pas là un excès de législation? Il y en a d'autres dont on parle beaucoup; on est disposé à tout changer. Nous voudrions qu'on n'allât pas trop loin; nous voudrions qu'on fît tout ce qui est possible humainement possible pour persuader aux patrons qu'il y a pour eux un devoir social de premier ordre, qu'ils doivent avoir des ateliers sains, bien aérés et dans lesquels l'outillage soit à la hauteur des perfectionnements modernes, et qu'on ne sévit que si on ne pouvait pas faire autrement.

Malheureusement nous le savons, il arrive bien fréquemment que si des ateliers ne sont pas réorganisés comme il le faudrait, c'est que l'entrepreneur manque de l'argent nécessaire pour faire rapidement le changement désirable de son outillage. Si on proscrit certains travaux dans certains ateliers considérés comme mal aérés, si on proscrit, par exemple, certains travaux de couture dans quelques ateliers de Paris, êtes-vous bien sûr que ces travaux ne se transporteront pas à domicile, que ce qu'on ne pourra pas faire en atelier ne se fera pas à la maison dans des conditions pires d'aération et de salubrité ?

Ces considérations sont bien générales, je le reconnais, et manquent peut-être de précision : c'est que dans toutes les questions sociales, on rencontre à chaque pas des contradictions. Ceux qui ne s'y arrêtent pas sont peut-être plus logiques, mais ils font bien souvent du mal quoiqu'ils aient voulu faire du bien.

Quand on fait des lois dites sociales, il est presque impossible d'en prévoir le résultat définitif, et, il arrive bien fréquemment qu'une loi qu'on a rendue de bonne foi, parce qu'on a été ému d'une circonstance qui venait de se produire, n'apporte pas de remède au mal qu'on avait en vue et produit des résultats tout à fait contraires à ceux qu'on en attendait.

Je ne voudrais pourtant pas rester sur un ton aussi dogmatique, parce que j'aperçois dans mon auditoire beaucoup de jeunes têtes ; les questions dogmatiques pourraient bien leur paraître un peu trop sérieuses, mais pourquoi n'appellerais-je pas à mon aide, pour vous montrer ce qu'il peut y avoir de grave, de contradictoire et d'intéressant dans ces questions, un personnage... qui me plaît beaucoup et que je voudrais qui vous plût. Ah ! si vous ne connaissez pas ce personnage, vous êtes bien malheureux, car depuis que j'ai fait sa connaissance, je suis heureux de causer avec lui de temps en temps : c'est Sancho Pança, Sancho Pança monté sur son âne et suivant le chevalier de la Triste Figure, Don Quichotte monté sur sa Rossinante. Pendant que ce pauvre fou de

Don Quichotte se battait contre des moulins à vent, les prenant pour des ennemis, qu'il poursuivait une vieille femme fort laide et mal bâtie en disant que c'était la belle Dulcinée du Toboso emprisonnée par un enchanteur dans un corps qu'il fallait délivrer de ses enc'r ments, Sancho Pança le rappelait à la réalité et lui it par proverbe, car Sancho était la source la plus abondante de proverbes qu'on puisse imaginer, ce que la sagesse des nations avait le droit de lui conseiller.

Un jour pourtant, ce brave Sancho Pança a été pris lui-même d'une vision. Don Quichotte arrive dans les domaines d'un de ces grands seigneurs comme il y en avait alors, grand seigneur avec de nombreux vassaux, possesseur de châteaux, de villages et de villes. Ce grand seigneur, qui avait entendu parler du brave et honnête Don Quichotte et de ses visions, a voulu se distraire en faisant croire, au chevalier de la Triste Figure, à la réalité d'aventures imaginaires dans lesquelles il avait ses amis et serviteurs pour complices. Il fait apparaître des enchanteurs, des diableries, etc. Don Quichotte, quand il s'était mis en route à la recherche d'aventures, avait promis à Sancho Pança de le nommer gouverneur d'une île, parce que tous les chevaliers errants font de leur écuyer le gouverneur d'une île, quand leur écuyer a été fidèle. Le grand seigneur dit un jour à Don Quichotte qu'ayant promis le gouvernement d'une île à Sancho, il devait tenir sa promesse, et il lui offrit pour son serviteur l'île de Baratari . Sancho Pança, pour la première fois, perd sa bonne tête : il se laisse mener dans son île qui, je crois, n'était pas une île du tout. On le fait entrer dans un très beau palais, on lui sert un repas, un repas splendide, des fruits du plus bel aspect et des viandes appétissantes. Un maître d'hôtel s'avance et lui offre des fruits, mais un personnage en robe noire avec une toque sur la tête, s'avance, une baguette blanche à la main, et touche le plat de sa baguette ; le plat est immédiatement enlevé.

Sancho Pança est étonné. On apporte un second plat. La baguette blanche s'abaisse, et le plat disparaît encore. « Qu'est-ce que c'est ? Que fais-tu là ? — Seigneur, excellence, lui dit l'homme à la baguette, je suis don Pedro Recio de Aguero, natif de Tirteafuera, entre Caraguel et Almodovar del Campo. Je suis un grand médecin et je veille à votre santé. Ces fruits sont trop frais, ces viandes sont trop riches pour votre estomac, n'en mangez pas. — Seigneur médecin, répond Sancho en colère, vous avez beau être don Pedro Recio de Aguero, natif de Tirteafuera, entre Caraguel et Almodovar del Campo, sortez d'ici tout de suite, sortez d'ici ou je prends une corde pour vous étrangler ! Je veux manger, moi, et si vous ne voulez pas me donner à manger, reprenez la place que vous m'avez donnée, moi j'entends que les métiers qu'on a fassent vivre, et si j'ai le métier de gouverneur pour mourir de faim, je ne veux pas être gouverneur. » *(Rires.)* N'avait-il pas raison, le brave homme ; si nous avons un métier, c'est pour en vivre, et si on nous retire le métier, nous ne vivons pas. C'était un très grand philosophe que ce bon Sancho Pança. Il voulait qu'on travaillât ; un homme lui dit un jour : « Mais je vais être mouillé, je vais souffrir des intempéries de la saison. — Travaille, lui répond Sancho, qui a une pioche a un manteau. » Il ne voulait pas qu'on demandât tout à la protection de quelque grand seigneur. Aujourd'hui on demande la protection à la loi ; en ce temps-là on la demandait aux grands seigneurs. Sancho disait : « Des mois d'avril et des grands seigneurs, sur douze, il y en a dix qui sont trompeurs. »

Je crois que nous pourrions dire que des mois d'avril, et même de mai, ici à Paris, de même que de beaucoup de lois sociales, sur douze il y en a bien dix qui sont trompeurs. Il disait aussi qu'on risquerait beaucoup à courir après toutes sortes de protections, car il y en a de bien mauvaises : « Qui s'attache à un mauvais arbre a une mauvaise ombre, et qui se met, quand il pleut, à l'abri sous les feuilles, est deux fois mouillé. » Il voulait, Sancho, qu'on travaillât chacun de son initiative et qu'on se tirât d'affaire comme on pouvait. Un homme a une manière de se tirer d'affaire ; un second a une autre manière, et, comme il traduisait ses pensées dans un langage à lui, permettez-moi de vous citer son mot malgré sa vulgarité : « Chacun de nous a sa manière de tuer ses puces. » *(Rires et applaudissements.)*

Mais ce qu'il ne cessait de répéter : « Travaillez de votre métier, gagnez votre vie et sachez vous restreindre à votre gain. N'empruntez pas. Cochon emprunté grogne toute l'année. » *(Rires.)*

On pourrait trouver dans les maximes de Sancho Pança beaucoup de bonnes raisons pour enseigner aux enfants, aux femmes et même aux hommes qu'il faut travailler, qu'il faut s'en rapporter à soi, qu'il faut avoir de l'initiative et ne pas chercher toujours des protections, car il y en a beaucoup qui sont trompeuses.

Je vous demande pardon d'avoir introduit un personnage comme ce bon et gai Sancho dans une assemblée aussi sérieuse. Mais je l'ai fait parce que nous n'avons pas la prétention d'être autre chose que de bons Sancho Panças. Nous ne sommes pas des faiseurs d'embarras. Il nous suffit d'être montés sur un âne et nous ne grimpons pas sur un beau cheval. Nous ne sommes pas le grand médecin natif de je ne sais quel lieu célèbre entre Caraguel et Almodovar del Campo, nous nous contentons d'être de braves gens ; lors même que nous sommes sur le grison de Sancho Pança, nous croyons quand nous avons fait le bien, que nous méritons quelque reconnaissance. *(Applaudissements.)*

Je ne crains pas de le dire ; ces amis qui sont ici autour de moi méritent beaucoup de reconnaissance. Je me plais à le proclamer devant vous, et lorsque vous aurez entendu notre éminent Secrétaire général qui va vous raconter en quelque sorte l'histoire de notre Société, vous reconnaîtrez que nous n'avons pas perdu ces deux années, pas plus que nous n'avons perdu les vingt-deux années précédentes. *(Applaudissements répétés.)*

DISCOURS

SUR L'APPLICATION DES TARIFS DE DOUANES

PRONONCÉ PAR

M. LÉON SAY

à la Chambre des Députés dans la séance du 21 décembre 1891.

(Voir discours de Pau, page 33.)

La loi qui est en ce moment soumise à vos délibérations est une loi restreinte, une loi par laquelle on détermine les moyens d'exécution qui seront à la disposition du Gouvernement pour appliquer la grande loi de douanes que vous avez votée, que le Sénat a votée après vous et qui reviendra demain pour la deuxième fois devant vous.

Les observations que je veux présenter porteront uniquement sur la loi d'application ; je me placerai sur le terrain suivant moi très étroit où le Gouvernement va chercher à évoluer, pour passer du régime ancien au régime nouveau que vous voulez établir.

Je ne veux pas aujourd'hui — ce ne serait ni le lieu ni l'heure — revenir sur les grandes discussions qui nous ont divisés. Je considère provisoirement la loi des douanes comme adoptée. J'espère que demain, à la suite du nouveau débat qui va s'ouvrir, des modifications seront introduites pour remédier à certaines dispositions, adoptées par le Sénat, que je crois excessives ; mais en ce moment, je le répète, je regarde la loi comme faite, et je passe purement et simplement à la discussion des moyens d'exécution. Je suis donc tout à fait dans le sujet.

Je trouve que ce *modus vivendi*, pour employer l'expression de M. Méline, que cette sorte d'exécution provisoire que vous cherchez à établir, présente de grandes difficultés, parce que le temps manque au Gouvernement et même à la Chambre pour préparer suffisamment le terrain nouveau sur lequel les négociations devront porter.

Il n'y a pas eu, en effet, de préparation suffisante ; sur certains points elle est nulle.

Quand je parle de préparation insuffisante, il ne s'agit pas de la loi que vous discuterez demain, du tarif douanier lui-même, car je reconnais que peu de lois ont été aussi bien préparées que celle-ci.

Mais tout le monde avoue, et M. Méline lui-même, qu'il s'agit de substituer au régime de 1860 un régime nouveau qui constitue un changement complet dans le régime économique de la France.

Ce régime nouveau, je le reconnais, a été plus préparé que celui de 1860, qui était sorti, pour ainsi dire, de la tête de Jupiter. Ce sont les deux négociateurs, Richard Cobden et Michel Chevalier, ces deux grands hommes d'État, qui avec l'empereur Napoléon III ont créé pour ainsi dire en bloc tout un système qui est devenu le système français. Une préparation antérieure, semblable à celle qui a eu lieu cette fois, n'a pas existé, et je l'ai regretté ; comme la plupart des membres du parti libéral, j'approuvais le fond du système, mais je regrettais qu'il fût sorti d'une sorte de coup d'État. Je n'ai jamais accepté ce mode de procéder ; il a été le vice du système de 1860, et je trouve qu'aujourd'hui les partisans du système protecteur et M. Méline ont eu raison d'adopter une autre méthode.

Il est certain aujourd'hui que nous ne sommes pas, comme en 1860, en présence d'une improvisation : il y a eu un mouvement d'opinion dans un certain nombre de groupes d'intéressés ; ces groupes d'intéressés se sont mis en rapport les uns avec les autres, pendant un grand nombre d'années ; on a réussi à créer dans le pays une agitation, que je trouve très légitime quant à la forme, mais que je blâme quant au fond.

Tout cela a été très habilement conduit, et ceux qui ont été à la tête du mouvement, comme l'honorable M. Méline, ont parfaitement su manœuvrer les armées qui avaient été mises à leur disposition. L'armée du Sud et l'armée du Nord ont fait leur jonction *(Sourires)* sur un point parfaitement déterminé par leurs chefs. Malgré tous les efforts que nous avons pu faire, nous ne sommes pas parvenus à empêcher cette jonction ; elle a eu lieu et, la coalition une fois formée, nous avons été écrasés toutes les fois que nous avons voulu intervenir.

Donc, à ce point de vue, le mouvement d'opinion qui a conduit au nouveau tarif des douanes a été très longuement et très habilement préparé dans le pays. J'ajouterai que dans la commission et dans la Chambre la préparation de la loi des douanes a été aussi complète que possible ; jamais commission n'a autant travaillé que la commission des douanes. Il y a eu là un effort intérieur très considérable, auquel je rends hommage.

Il faut dire encore que l'œuvre de M. Méline et de ses amis a été facilitée par le mouvement protectionniste qui se produisait aux deux extrémités du monde, en Allemagne et aux Etats-Unis.

Il est certain que les succès apparents du système américain, pendant un certain nombre d'années, succès qui se sont traduits par des excédents de budget considérables, ont fait une énorme impression sur l'esprit public en France ; en même temps, à une époque où le tout-puissant chancelier de fer gouvernait l'Allemagne, beaucoup de personnes se sont dit : Il y a là une grande idée, et puisqu'un homme de génie — car nous devons rendre hommage au génie même chez nos adversaires — a pu défendre et faire triompher le système restrictif sur nos frontières de l'Est, pourquoi ne chercherions-nous pas à l'imiter ?

Les événements qui se passent en Allemagne et aux États-Unis ont donc servi, autant que les efforts que faisaient les protectionnistes à l'intérieur, à préparer le mouvement des esprits d'où est sorti le nouveau système économique que vous avez adopté.

Mais M. Méline, en nous disant, avec raison, que nous avions à transformer complètement le régime français, aurait dû se souvenir, — et certainement il se le rappelle, — que le système de 1860 a eu ce que j'appellerai des développements ultérieurs très intéressants et très considérables.

Ce système de 1860, né, comme je vous le disais, dans le cerveau de l'empereur, n'a pas été, pour ainsi dire, créé de toutes pièces. Le premier traité, celui du 23 novembre 1860, n'a pas constitué à lui tout seul le grand système d'extension des relations commerciales qui a été, jusqu'à ces derniers jours et qui est encore aujourd'hui le système français. Ce premier traité n'était que peu de chose : c'est par l'accession ultérieure d'un certain nombre d'Etats, par les modifications de tarifs consenties au profit de telles autres puissances et à notre profit par ces puissances, qu'on a pu former ce faisceau qui s'est appelé le tarif conventionnel.

Le tarif conventionnel est tout autre chose que le premier traité de 1860. Depuis le 6 janvier 1860, jour où a paru la lettre à M. Fould, jusqu'à l'époque où le tarif conventionnel a été appliqué, il s'est écoulé un temps assez considérable pendant lequel le terrain, sur lequel le gouvernement français a pu évoluer, a été très élargi.

A ce propos, je dirai que ce tarif conventionnel est, pour moi, tout le système de 1860. Si vous nous donniez comme tarif minimum ou comme tarif général le tarif conventionnel, je serais avec vous, je vous l'ai dit plusieurs fois : je ne tiens pas aux traités de commerce, mais aux tarifs qui sont dans ces traités. Si votre tarif minimum avait été copié sur le tarif conventionnel, j'aurais eu satisfaction.

Mais ce n'est pas là ce que vous vouliez, parce que les tarifs abaissés sont contraires à votre système.

Le système de 1860 était un système d'extention des relations commerciales ; le régime économique nouveau que vous préconisez est, au contraire, un système de restriction des échanges ; personne ne peut le contester.

Vous avez voulu assurer aux agriculteurs et aux industriels français le marché intérieur dans de plus fortes proportions ; et comme le développement de notre richesse ne peut être indéfini, que le nombre de nos clients ne peut s'augmenter tous les jours dans des proportions considérables, il est certain que l'accroissement du nombre des clients intérieurs doit correspondre à une diminution du nombre des clients étrangers.

Si la préparation de la loi a été complète au point de vue de nos discussions intérieures, si nous avons su ce qu'elle signifiait en la votant, je crois cependant que nous n'avons pas eu une connaissance suffisante de ce qui se passait à l'étranger.

A ce point de vue, nous ne sommes aucunement préparés. Nous ne savons pas ce qui s'est passé à l'étranger. Je doute même que M. le ministre des affaires étrangères le sache mieux que nous, car nous étions en présence de puissances étrangères qui nous attendaient, qui ne voulaient pas prendre leurs positions définitives avant d'avoir pu apprécier celles que nous prendrions nous-mêmes. *(Très bien ! très bien ! sur divers bancs.)*

Il est possible que M. le ministre des affaires étrangères ait reçu des informations qu'il ne trouve pas convenable de nous communiquer, — et je ne suis pas de ceux qui demandent au ministre des affaires étrangères de déposer sur le bureau de la Chambre toutes les dépêches qu'il reçoit de ses agents à l'extérieur, — mais je suis convaincu que ses agents n'ont pas pu lui donner de renseignements suffisants pour lui permettre de voir comment notre système intérieur pourrait fonctionner vis-à-vis des systèmes étrangers.

Ce que nous savions, ce que nous devions prévoir — et nous aurions été vraiment bien peu au courant des affaires si nous ne l'avions pas soupçonné — c'est que, dans les 7 ou 800 articles du tarif nouveau, il y en avait quelques-uns qu'il était important de discuter l'œil fixé sur certaines relations internationales qu'un grand nombre d'entre nous désiraient ne point affaiblir. Vous savez d'ailleurs que M. Méline comme M. Dauphin ont dit très haut qu'ils ne voulaient pas nous enfermer dans un cercle que nous ne pourrions franchir, qu'ils ne voulaient pas isoler la France du reste du monde. Nous devions savoir que vis-à-vis de la Suisse il fallait prendre garde de ne pas trop élever le tarif sur les quatre articles principaux qui la concernent ; que dans la question des vins il fallait être prudent, et établir des tarifs qui ne pussent pas nous empêcher de nous mettre d'accord avec l'Espagne, pour laquelle les vins sont un article de première importance.

Ces considérations ont été apportées à cette tribune avec beaucoup d'éclat par M. le ministre du commerce ; mais M. le ministre des affaires étrangères a gardé le silence et je ne lui en fais pas un reproche : car je crois que pendant tout le cours de la discussion des douanes il n'a parlé que dix minutes à peine, à l'occasion de la discussion générale, avant la discussion de l'article premier. Et il a purement et simplement demandé qu'on reportât cette discussion à « plus tard » et, quand le « plus tard » est arrivé, il ne s'est pas présenté à la tribune. (*Mouvements divers.*)

Les considérations extérieures ne sont cependant pas restées totalement en dehors du débat. M. le ministre du commerce nous en a entretenus. Il a soutenu des opinions qui étaient les miennes. Mais vous avez dû remarquer que le ministre du commerce, — quand il a défendu des opinions que j'appellerai libérales, avec un talent auquel je suis heureux de rendre hommage et que vous avez tous apprécié, avec la bonne foi que tout le monde lui connaît, avec une élévation de parole et de pensée qui a relevé considérablement le prestige du Parlement français, — vous avez remarqué, dis-je, que lorsque M. le ministre du commerce a traité ces questions si graves et si intéressantes, il s'est toujours placé au point de vue des producteurs ; ce point de vue protectionniste a toujours été le sien. Il a eu l'amabilité de dire un jour à la tribune d'une autre Chambre qu'il honorait les économistes, qu'il aimait certains d'entre eux ; mais il a eu bien soin d'ajouter qu'il ne croyait pas du tout à ce qu'il appelait la prétendue science des économistes. Cette parole m'est restée sur le cœur, et il ne la portera pas en paradis. *(On rit.)*

Je crois que dans une Chambre française il faut avoir plus de souci des principes. Il ne faut pas prendre comme idéal la politique au jour le jour ; il faut proclamer, au contraire, qu'en politique et en économie politique, aussi bien qu'en morale, il y a une science, il y a des principes qu'on ne peut impunément dédaigner. *(Très bien ! très bien ! sur divers bancs.)*

Si on n'a pas de principes, si on gouverne suivant le hasard d'une majorité, si on croit qu'on est — pour employer l'expression dont s'est servi M. le ministre du commerce en parlant de la science économique — devant un « éternel devenir », devant une réalité qui échappe toujours, on abaisse singulièrement la dignité du régime parlementaire. On réduit le ministère à n'avoir d'autre préoccupation qu'un « éternel devenir » et à chercher à être le ministère obéissant de la Chambre de demain. C'est un rôle que les ministres qui sont assis sur ces bancs ne voudraient certainement pas jouer. *(Rires et mouvements divers.)*

Quoi qu'il en soit, nous n'avons, je le répète, que des notions très imparfaites sur les dispositions des autres puissances. Le Gouvernement n'a peut-être pas pu nous éclairer davantage ; mais nous avons, dans l'exemple des nations voisines que nous voyons se dérouler à côté de nous, le moyen d'apprécier les grands événements qui se produisent.

Nous avons pris l'attitude protectionniste au moment même où de deux côtés, en Amérique et en Allemagne, commençait une réaction qui pouvait conduire à un système absolument contraire. *(Très bien ! très bien ! sur divers bancs.)* Nous avions été témoins de la chute retentissante du prince de Bismarck, et il ne faut pas croire que cette chute ne soit pas un événement de la plus haute importance destiné à marquer une date considérable dans l'histoire de l'Europe et peut-être dans celle du monde.

Quand un homme tel que M. de Bismarck disparaît de la scène du monde, c'est un peu comme ces îles volcaniques qui s'abîment tout à coup au fond de l'Océan.

Le grand chancelier a emporté avec lui un certain nombre d'idées directrices qui, lui n'étant plus là pour les développer, devaient bientôt périr et disparaître. Il représentait à tous les points de vue des systèmes ou, tout au moins, un système ; et quand il est tombé, son système devait tomber avec lui. Quelle sera, au point de vue économique, — car je ne traite pas le point de vue politique, — la conséquence de la chute de M. de Bismarck ? Ce sera, sans nul doute, l'abandon du système que j'appellerai le système de restriction internationale ; ce sera certainement l'avènement d'un système nouveau, et par conséquent d'un système contraire.

L'honorable M. Méline nous a dit, avec beaucoup de raison, que le système de 1860 était mort et que nous allions voir l'avènement d'un régime économique nouveau. Cela est vrai pour nous ; mais cela est vrai aussi pour l'Allemagne.

Je ne puis pas vous dire ce que sont les nouveaux traités adoptés par l'Europe centrale ; je n'ai pas eu le temps de les examiner. J'en ai vu un cahier entre les mains de M. le ministre des affaires étrangères l'autre jour, et voilà tout ; je n'ai aperçu que quelques chiffres dans un journal et je n'ai pu, sur ces chiffres, me former une opinion. Mais ce que je sais, c'est que ce que M. Méline a dit en jugeant le système de 1860, l'empereur d'Allemagne l'a dit en jugeant le système de M. de Bismarck.

Je ne sais pas si vous avez présent à l'esprit le discours qu'il vient de prononcer et dont je vous demande la permission de vous rappeler les termes.

Voici comment s'est exprimé l'empereur d'Allemagne en annonçant le vote des traités de commerce :

« Le Reichstag, en sa grande majorité, a montré qu'il a reconnu la clairvoyance de cet homme — M. de Caprivi — et qu'il le suit. Cette Assemblée législative s'est certainement assurée par là un souvenir impérissable dans l'histoire de l'empire allemand. Malgré les difficultés qu'on a opposées de différents côtés au chancelier et à mes autres conseillers, malgré les soupçons auxquels ils ont été en but, nous avons réussi à faire entrer la patrie dans une voie nouvelle. Il va sans dire que certains intérêts particuliers devront faire des sacrifices pour l'avancement de la prospérité commune. J'estime néanmoins que l'œuvre qui vient d'être accomplie sera considérée par la postérité comme un des événements les plus importants de l'histoire et comme une œuvre de salut. »

J'ai donc raison de dire que le régime allemand, que nous ne connaissons pas encore, qu'il nous est impossible, que je crois impossible à M. le ministre des affaires étrangères et à M. Méline d'apprécier à cette tribune, est un régime tout à fait nouveau qui ouvre à l'Allemagne une ère entièrement nouvelle. L'Allemagne abandonne le système de la restriction commerciale pour entrer dans la voie de l'extension des rapports internationaux.

Vous avez bien pu remarquer dans les documents très obscurs qui nous ont été distribués qu'il y a, dans les méthodes allemandes de faire des lois et des conventions, quelque chose de tout à fait différent de nos habitudes parlementaires et de nos habitudes diplomatiques. Ces documents contiennent des expressions qui, même bien traduites dans notre langue, n'ont pour nous aucun sens : il y a le « traitement national » et le traitement « de la nation la plus favorisée », deux expressions qui nous paraissent avoir la même signification et qui cependant n'ont pas le même sens en Allemagne.

Ce n'est que plus tard que nous pourrons connaître toutes les conséquences du nouveau système inauguré par l'empereur d'Allemagne. C'est en tout cas une œuvre d'expansion commerciale, et le spectacle si triste qu'a offert la dernière séance du Reichstag ne peut laisser aucune pensée d'un retour possible vers les idées économiques du prince de Bismarck. Un homme comme lui, quand il disparaît, ne disparaît pas comme disparaît chez nous un président du conseil. Nous avons successivement au pouvoir beaucoup de présidents du conseil. Que M. de Freycinet vienne à disparaître, il sera remplacé par qui ? par M. Tirard, M. Ferry, M. Sarrien... *(On rit)*, ou par tout autre homme d'État plus ou moins modéré ou plus ou moins radical, mais ce ne sera toujours qu'un simple changement de pouvoir sans grande influence sur le système général de la politique.

D'ailleurs, vous savez qu'on se console d'un changement de ministère... *(Nouveaux rires)*, et s'il arrivait à M. de Freycinet de sortir du cabinet, nous aurions pour nous consoler la jolie chanson qui a failli jouer un mauvais tour à Ninon de Lenclos : « Pourquoi pleurer, puisqu'il ressuscitera ! » *(Applaudissements et rires.)*

Mais avec le prince de Bismarck tout un système économique s'est écroulé. Vous ne connaissez que très imparfaitement le régime nouveau. Vous n'avez donc pas une préparation extérieure suffisante, et le délai qui nous sépare du 1ᵉʳ février est trop court pour permettre à notre gouvernement d'établir avec les nations étrangères un régime définitif.

Dans ces conditions, le Gouvernement et M. Méline lui-même nous proposent l'établissement de ce qu'ils appellent un *modus vivendi* ou un certain nombre d'états d'existence différents suivant les différentes nations.

Ce que je dis ne peut être contesté. Je me sers de l'expression même dont s'est servi M. Méline.

M. JULES MÉLINE. C'est l'expression du Gouvernement ; c'est celle qu'a employée M. le ministre des affaires étrangères.

M. LÉON SAY. Vous êtes d'accord avec lui sur ce point.

M. RIBOT, *ministre des affaires étrangères*. Je n'ai pas présenté cela comme l'idéal.

M. LÉON SAY. Je l'espère bien ! c'est un système tout à fait provisoire ; nous n'entrerons dans l'exécution complète du nouveau régime auquel s'est ralliée la Chambre que dans un certain temps, après une expérience de plusieurs mois. Il est très probable que les ministres attendront pour commencer de véritables négociations, si on en ouvre, que les Chambres ne soient pas de trop mauvaise humeur. *(On rit.)*

Si le Gouvernement peut un jour reprendre ses attributions — et j'espère qu'il les reprendra — si un jour il croit pouvoir émettre une opinion... *(Exclamations sur divers bancs et rires.)* Je ne fais pas ici le procès des ministres...

A gauche. Au contraire !

M. LÉON SAY..... je fais le procès de leur système.

Le Gouvernement pense qu'il doit être l'exécuteur des volontés de la Chambre, après que la Chambre les lui a signifiées ; il croit qu'il doit la suivre, au lieu de marcher à sa tête ; c'est une façon de comprendre le gouvernement parlementaire qui n'est pas la mienne ; mais depuis un certain nombre d'années que j'assiste à ce spectacle, je suis bien obligé, sinon d'en prendre mon parti, tout au moins d'en tenir compte dans les discussions.

Le Gouvernement aura beaucoup de peine à entamer des négociations ; mais s'il en entame, il ne pourra le faire que dans un certain délai, qu'après avoir essayé ce *modus vivendi* qu'il s'agit d'établir.

Je ne veux pas développer davantage ces considérations ; vous avez bien compris où je voulais en venir : le seul terrain sur lequel le Gouvernement puisse se placer pour préparer un *modus vivendi*, c'est non pas celui d'un ajournement indéfini, comme le disait M. Deloncle tout à l'heure, mais celui d'une prorogation pour un temps déterminé ; ce n'est que par une prorogation de six mois ou de trois mois que le Gouvernement pourra être en état de vous apporter quelque chose de précis quant à l'établissement de nos relations internationales. Et vous pouvez être sûrs que le Gouvernement n'abusera pas de ses pouvoirs, parce qu'il sait bien quelle est votre opinion et à quelles difficultés il se heurterait le jour où il vous demanderait de ratifier le résultat de ses négociations. Personne ne sait plus que mon honorable ami M. Ribot qu'il est infiniment plus dangereux d'ouvrir des négociations pour aboutir à un échec devant la Chambre, que de ne pas en ouvrir du tout. *(Rires d'assentiment.)*

Vous pouvez donc être sûrs que le Gouvernement n'userait de cette faculté que vous lui donneriez de voir quelles sont les conditions générales de l'Europe que dans des limites très restreintes et avec beaucoup de prudence. Ce que je vous demande ici, c'est un vote de confiance pour le Gouvernement. *(Nouveaux rires.)*

Le Gouvernement n'a pas assez de confiance en lui : cette confiance qu'il ne se donne pas à lui-même...

M. Félix Faure. Il n'en veut pas !

M. Léon Say..... je vous la demande pour lui, je voudrais que la Chambre la lui accordât ; je ne veux pas autre chose.

En conséquence, je soumets à la prise en considération de l'Assemblée ma conclusion, c'est-à-dire le contre-projet que j'ai rédigé en prenant les termes mêmes du projet de loi dont vous êtes saisis.

« Le Gouvernement est autorisé à proroger pour trois mois ou six mois... » — je ne tiens pas au délai ; je crois que le délai de trois mois est court, mais suffisant pour permettre au Gouvernement de voir quelle est la situation européenne — « ... les traités ou conventions de commerce et de navigation et les conventions relatives à la garantie réciproque de la propriété littéraire et artistique qui, par suite de dénonciations arrivent à échéance le 1er février 1892. » *(Applaudissements sur divers bancs au centre.)*

Pau. — Imprimerie-Stéréotypie Garet, rue des Cordeliers, 11.

127